SŒUR EUGÉNIE

OU

LA VIE ET LES LETTRES

D'UNE SŒUR DE CHARITÉ

Traduit de l'anglais

Par M. ABEL GAVEAU

PRÊTRE

Deuxième Édition

PARIS

LIBRAIRIE PLON

E. PLON, NOURRIT et Cie, IMPRIMEURS-ÉDITEURS

RUE GARANCIÈRE, 10

1884

SOEUR EUGÉNIE

OU

LA VIE ET LES LETTRES

D'UNE SŒUR DE CHARITÉ

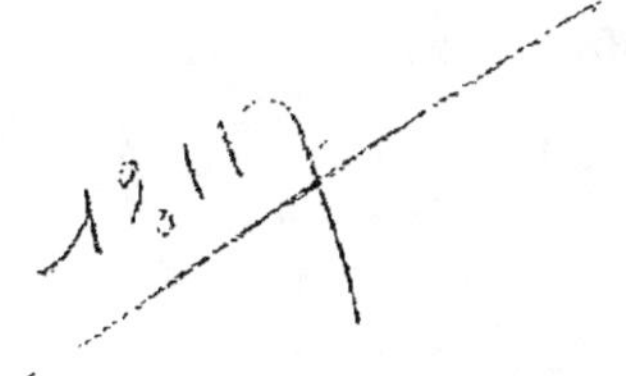

L'auteur et les éditeurs déclarent réserver leurs droits de traduction et de reproduction à l'étranger.

Ce volume a été déposé au ministère de l'intérieur (section de la librairie) en octobre 1884.

PARIS. TYPOGRAPHIE E. PLON, NOURRIT ET Cie, RUE GARANCIÈRE, 8.

SOEUR EUGÉNIE

OU

LA VIE ET LES LETTRES

D'UNE SŒUR DE CHARITÉ

Traduit de l'anglais

Par M. ABEL GAVEAU

PRÊTRE

Deuxième édition

PARIS

LIBRAIRIE PLON

E. PLON, NOURRIT ET Cie, IMPRIMEURS-ÉDITEURS

RUE GARANCIÈRE, 10

1884

Tous droits réservés

Blois, le 28 novembre 1872.

Mon cher Abbé,

Je n'ai pu commencer la lecture de votre livre sans le lire tout entier avec une émotion toujours croissante. Je disais à chaque page : Que Dieu est bon ! que ses voies sont admirables ! qu'il y a encore dans le monde d'âmes grandes et dévouées ! Ce petit livre sur une Sœur de Charité continuera le bien que cet ange avait commencé. Puisse cet écrit consoler la glorieuse et chrétienne famille qui a perdu cette fille et cette sœur !

Les personnes du monde verront dans cette vie ce qu'on peut faire pour Dieu et les hommes. Je désire que cet ouvrage soit lu par nos frères séparés les protestants ; ils y verront que la plénitude de la vérité, de la piété, du bonheur ne se trouve que dans l'Église catholique ; il en est parmi eux qui ne restent éloignés de l'Église que parce qu'ils ne la connaissent pas.

Que Dieu vous bénisse, mon cher monsieur l'Abbé, pour votre intéressant travail vraiment digne de la piété d'un bon prêtre.

† Louis Théophile,
évêque de Blois.

Je dédie ce petit livre, traduit de l'anglais, à la famille de Sœur Eugénie.

Elle veut que le voile vénérable de l'humilité couvre son nom, et qu'il enveloppe dans ses plis sacrés la mémoire d'une fille bien-aimée qui fut une grande et sainte âme.

Vous serez obéis, nobles parents!

Et celle que vous appeliez la *Violette* ira embaumer bien des demeures, sans que l'on sache sur quelle tige le bon Dieu l'a fait fleurir.

Abel GAVEAU.

INTRODUCTION

Le nom que porta Sœur Eugénie dans le monde est gravé, en lettres glorieuses, sur plus d'une page de notre histoire nationale.

Le dévouement — on le verra par cet écrit — est de tradition dans sa famille.

Elle appartient à cette forte et noble école qui croit fermement que le rang élevé, la fortune, la brillante éducation, l'esprit, n'ont de valeur réelle qu'autant qu'on les met au service d'une cause sacrée, comme la défense de la patrie, l'honneur de la religion, le soulagement de tout ce qui souffre ici-bas.

Élevée dans ces principes, Sœur Eugénie trouva qu'elle ne pouvait faire un meilleur emploi de son esprit, de son cœur, de sa jeunesse, de sa beauté, de l'éclat de son nom, qu'en déposant toutes ces choses aux pieds des pauvres. Et elle s'est faite Sœur de Charité, et sa famille l'a généreusement cédée à Dieu et aux malheureux !

Ces quelques lignes étaient utiles pour faire comprendre au lecteur la raison qui nous a porté à traduire ce livre. Tout ce qui parle abnégation, générosité, dévouement, sacrifice, est sympathique à l'heure qu'il est à notre chère France, qui veut se relever, qui veut vivre, et dont l'oreille si délicate et si juste sent bien que ces mots-là sont les seuls qui auront, d'ici à longtemps, de l'harmonie pour son cœur.

Nous voudrions adresser l'expression de notre gratitude à l'auteur si distingué de la Vie de Sœur Eugénie, pour l'exquise bonté avec laquelle il nous a soutenu dans ce travail; mais sa modestie ne nous permet ni de le nommer ni de le remercier. Il n'est pas, du moins, en notre pouvoir d'empêcher le lecteur de lui rapporter le plaisir sérieux qu'il trouvera, en parcourant ces pages charmantes. L'auteur ne saurait nous en vouloir pour la pieuse reconnaissance qui lui viendra de ce côté. C'est lui qui a pris la peine de recueillir pour nous les lettres que Sœur Eugénie écrivit en français; lettres pleines de suavité, toujours émues, souvent atteignant une hauteur de pensée admirable, de temps en temps marquées au coin d'un abandon touchant, qui ouvre parfois la porte à de légères négligences de style. Nous n'avons rien voulu changer au texte de cette sainte correspondance, parce qu'on aurait moins vu dans son naturel et dans sa simple et naïve beauté cette âme qui aurait été bien surprise, si on lui avait dit que ses lettres, devenues presque des reliques, seraient un jour livrées à l'impression.

19 novembre 1872,
fête de sainte Élisabeth de Hongrie.

SŒUR EUGÉNIE

OU

LA VIE ET LES LETTRES

D'UNE SŒUR DE CHARITÉ

CHAPITRE PREMIER

SON ENFANCE. — SA CONVERSION.

« Je voudrais que chaque souffle de ma vie pût dire ces trois paroles : *Fiat voluntas tua! Deo gratias! Miserere mei!* »

Tel est le désir qu'exprimait souvent Sœur Eugénie; et toute sa vie se trouve parfaitement résumée dans ces courtes aspirations.

Un abandon d'enfant à Dieu; une entière conformité à sa volonté; un cœur que la reconnaissance et l'amour envers lui remplissaient, et qui s'épanchait en flots d'une inépuisable charité à l'égard des hommes; un esprit de mortification intérieure et de profonde humilité qui la portait souvent à s'écrier : « Ayez pitié de moi, ô mon Dieu! ayez pitié de moi! » tels sont les traits caractéristiques de cette enfant de Dieu, de cette douce Sœur de charité, de cette servante des pauvres.

Son histoire est tout ce qu'on peut imaginer de plus simple : on n'y trouvera aucun événement extraordinaire, aucun incident hors ligne; c'est la vie d'une jeune âme consacrée à Dieu; une vie de prière, de sacrifice et de charité.

Ceux qui ont connu et aimé Sœur Eugénie; ceux à qui son

angélique figure a été familière, et qui ont subi l'influence du charme inexprimable qui la rendait si chère aux personnes avec lesquelles elle vécut, chercheront vainement ici les riches couleurs et les touches délicates d'un portrait achevé. Cependant, tout imparfaite qu'elle soit, cette esquisse pourra la rappeler jusqu'à un certain point à leurs cœurs, et elle sera en même temps de nature à intéresser ceux qui ne l'ont pas connue, et à être pour eux une source d'édification.

Éveline, connue en religion sous le nom de Sœur Eugénie, naquit à Paris, le 26 avril 1836. Elle était la troisième fille du comte et de la comtesse de ***. La famille se composait de huit enfants, trois fils et cinq filles, dont deux moururent en bas âge. Elle fut baptisée dans la religion protestante, qui était celle de sa mère, et eut pour parrain le frère aîné de son père, le duc de ***, et sa femme pour marraine. Sa tante était donc aussi protestante à cette époque, et ce n'est que plus tard qu'elle se convertit à la foi catholique.

Éveline était une enfant d'une grande beauté, qui donnait de magnifiques espérances. Dès ses plus tendres années, il y avait quelque chose de si digne dans son maintien, de si gracieux dans ses mouvements, que dans sa famille on la désignait sous le nom de « la petite duchesse », elle qui était destinée à devenir un jour l'humble servante des pauvres!

Lorsqu'elle eut quatre ans, ses parents quittèrent Paris et s'établirent avec toute leur famille à la campagne. L'habitation qu'ils avaient choisie était agréablement située au milieu d'une nature admirable. La maison, placée comme un nid au milieu des chênes et des hêtres, reposait sur la pente d'une rangée gracieuse de collines onduleuses, richement boisées et tapissées de vignes. Elle dominait une large et fertile plaine s'étendant jusqu'à l'horizon, riche en champs de blés et de maïs entremêlés de vergers et de jardins.

La monotonie du paysage était interrompue par la tour du vieux château, par les clochers des églises baignés de lumière, par les toits grisâtres des maisons de la ville voisine, enfin par une rivière large et impétueuse dont les eaux, tout en formant une nappe tranquille, allaient à chaque instant joyeusement rebondir et murmurer contre les rochers et les cailloux, petits flots charmants qui semblaient ne pouvoir se dépouiller de la nature sauvage qu'ils avaient apportée des montagnes d'où ils s'épanchaient.

De l'autre côté de la maison, la vue s'étendait jusqu'à la chaîne grandiose de ces mêmes montagnes qui, éclairées par le soleil ou assombries par l'orage, n'en conservaient pas moins la beauté de leurs lignes et la perfection de leurs formes. Toujours variées de couleur et d'effets, on les voyait tantôt dressant leurs cimes au-dessus de draperies vaporeuses, comme de grands fantômes qui s'efforçaient d'atteindre des mondes invisibles ; tantôt élevant leurs sommets couronnés de neige, dont la blancheur ressortait merveilleusement sur le fond noir d'un ciel orageux ; quelquefois, empruntant aux reflets du soleil couchant de splendides teintes d'or, de pourpre et d'écarlate ; et d'autres fois, se dessinant vaguement sous la brume grise et incolore, qui leur donnait un aspect d'une tristesse solennelle.

On sait combien tout ce qui entoure un enfant dans son jeune âge a d'influence sur son esprit et laisse une empreinte profonde sur sa vie entière. Il n'est pas douteux que ce fut la contemplation de toutes ces splendeurs de la nature qui fit germer dans l'esprit d'Éveline cet amour de l'idéal qu'elle posséda plus tard à un degré extraordinaire, et qui lui fit prendre de bonne heure l'habitude de rapporter tout à Dieu, comme à la source la plus haute de la beauté.

La pure atmosphère d'amour et de tendresse qui entoura cette douce enfant était au reste bien faite pour développer ses sentiments affectueux et ardents, ainsi que les autres dons si riches qu'elle avait reçus de la nature, et auxquels vinrent plus tard s'ajouter abondamment ceux de la grâce.

Ses manières séduisantes et remplies de charme lui attachaient les cœurs à la première vue; la douceur de son caractère la faisait aimer de tous ceux qui la connaissaient. Dans une occasion, une dame qui s'était prise d'affection pour cette petite fille demanda à sa mère comment elle s'y prenait pour ne pas gâter une enfant si charmante. La mère n'eut que cette réponse à donner : « Je l'aime. » Et c'était en effet la profondeur de son amour maternel qui la portait à éviter, dans l'éducation de sa jeune famille, cette coupable faiblesse qui a souvent sur le caractère la plus désastreuse influence, et prépare pour l'avenir de grands maux aux enfants, aussi bien qu'aux parents.

Dès qu'Éveline et ses sœurs sortirent des mains des bonnes, elles furent confiées à une institutrice anglaise qui leur donna une solide éducation, un enseignement moral excellent, et qui sut en même temps cultiver avec succès leur intelligence et développer leurs talents. Elle avait l'habitude de leur faire apprendre de longs passages de la sainte Écriture; de sorte que bientôt ces enfants surent par cœur une bonne partie de la Bible. Tous les soirs, avant le coucher, cette personne si zélée faisait réciter à chacune d'elles quelques sentences du texte sacré, inscrites sur des cartes qu'elle leur avait données comme bons points lorsqu'elle avait été, dans la journée, satisfaite de leur application.

L'enseignement religieux d'Éveline fut certainement borné, Mais comment peut-il en être autrement quand la vérité n'est admise qu'en partie, et quand, à la place de la certitude de la foi, on n'a que l'instabilité de l'opinion privée?

L'institutrice était une protestante très-austère. Elle regardait le catholicisme comme une sorte d'idolâtrie et prenait tous les moyens qui étaient en son pouvoir pour protéger ses élèves contre ce qu'elle appelait sa dangereuse influence. Ses préventions allaient si loin, que si les enfants, dans leur promenade, rencontraient un prêtre, elle leur commandait de détourner la tête, comme on l'eût fait à la vue d'un objet indigne ; et elle ne manquait pas de leur adresser des reproches lorsqu'elle les voyait jeter les yeux sur un livre catholique.

Ainsi ces jeunes filles grandirent dans la plus complète ignorance des principes élémentaires de la doctrine catholique. En tout cela, les intentions de cette dame étaient sans doute bonnes et honnêtes, et elle s'acquittait consciencieusement de ce qu'elle considérait comme un devoir impérieux. Mais, en réalité, elle s'opposait, sans le savoir, aux desseins du Très-Haut. Quand le temps de la miséricorde du Seigneur sera venu, et que sa grâce aura triomphé de tous les obstacles, la religion que ces enfants ont appris à regarder avec aversion deviendra leur plus grande consolation et leur plus douce joie.

Comme à un âge très-tendre, Éveline donna des signes d'une piété précoce et d'un goût très-prononcé pour la prière, on n'est pas surpris de voir qu'à onze ans ses pensées semblent déjà portées entièrement vers les choses divines. Elle désirait alors se consacrer à Dieu, et elle avait déclaré son intention arrêtée de ne jamais se marier. Sa mère riait d'une telle résolution et la priait de ne pas dire de pareilles choses, car, probablement, plus tard les dispositions de son esprit changeraient.

A cette époque, Éveline commença à parler des Sœurs de charité protestantes, ayant comme une pensée vague d'embrasser leur genre de vie quand elle serait plus âgée. Elle était, au reste, d'une gaieté charmante : âme remplie de poésie, de fraîcheur, d'imagination ; esprit distingué, intelligence vive et pénétrante, elle apprenait avec une merveilleuse facilité, et laissait voir en elle les plus beaux talents. La pureté de sa conscience était si grande qu'elle avait une horreur instinctive du mal. Ajoutez à cela une ignorance absolue de sa propre valeur, ce charme aimable et suprême des âmes élevées. Enfin, dans cette nature impressionnable au point qu'il suffisait d'un mot un peu dur ou d'un regard froid pour la bouleverser, on voyait déjà apparaître les symptômes cachés de cette profondeur et de cette force qui devinrent les traits saillants de son caractère.

Telle était Éveline à quinze ans.

Alors son frère aîné, âgé de onze ans, se préparait à sa première communion. Cette époque fut féconde en événements qui amenèrent des résultats de la plus haute importance pour toute la famille. Nous ne saurons mieux les raconter qu'en donnant un extrait des notes écrites par la sœur aînée d'Éveline :

« Notre institutrice nous avait quittées depuis quelque temps ; il en résultait plus de liberté pour nous et la possibilité de regarder quelquefois des livres catholiques et même de parler de cette religion dont on nous avait fait jusqu'alors une sorte d'épouvantail.

« Les femmes de chambre avaient l'habitude d'arranger un petit autel dans la lingerie pour le mois de Marie. Dès l'année précédente, c'était Éveline qui se chargeait de l'orner de fleurs. Je la vois encore, toute rayonnante de jeunesse et de beauté, revenant du jardin chargée de belles branches de lilas dont elle décorait avec amour le petit autel improvisé. Puis, quand elle croyait pouvoir le faire sans déplaire à ma mère, elle assistait avec bonheur aux exercices, et les femmes disaient : Vous verrez que cette enfant sera un jour catholique.

« Ce jour n'était pas éloigné. La même année j'avais fait ma première communion protestante, après avoir été instruite par le ministre anglican du temple où nous allions le dimanche. Ma mère me conduisait chez lui trois fois par semaine. Après une courte conversation avec sa femme, nous pénétrions dans son sanctuaire, où je lui récitais le catéchisme anglican. Il me faisait quelques questions, écoutait froidement mes réponses, et y ajoutait quelques observations sentencieuses d'une extrême sécheresse. Je ne me souviens pas qu'il m'ait jamais dit une parole qui ait trouvé le chemin de mon cœur. A cet âge, où l'on a tant besoin de se confier, de s'épancher, je sentais tous mes sentiments refoulés, toutes mes émotions méconnues, et un vide immense, un froid désolant s'emparèrent de tout mon être en présence de celui qui ne m'inspirait aucune sympathie, et qui repoussait toute ma confiance.

« Lorsque je revenais de mes leçons de catéchisme, je racontais tout à mon Éveline, mes chagrins, mes déceptions, l'horreur que j'avais de mes instructions religieuses. Elle me consolait avec une tendresse infinie et me disait : — Vois-tu, quelque chose de bon sortira de tout ceci. Ce qu'il y a de certain, c'est que, moi, je n'aurai jamais le courage de souffrir ce que tu souffres.

« Au printemps de 1851, mon frère G... se prépara à sa première communion. Qu'il me soit permis de dire un mot de ce frère chéri, qui fut l'instrument choisi par Dieu pour nous ramener tous dans le sein de la vérité. Je dis *tous,* car mon père vénéré, quoique ayant toujours conservé un respect infini pour la religion, en avait malheureusement abandonné la pratique. Il vivait saintement, en ce sens qu'il accomplissait tous ses devoirs avec droiture et générosité, mais il n'était enfant de l'Église qu'à moitié; il n'en connaissait pas toutes les beautés et toutes les joies. Voyant la manière pieuse dont notre mère nous élevait, il oublia la clause de son contrat de mariage qui portait que ses fils devaient être catholiques, et il les abandonna entièrement à la direction de ma mère. Mes trois frères furent donc baptisés dans la religion protestante.

« G... avait à peine neuf ans lorsque spontanément, de lui-même, il déclara qu'il voulait aller à la messe et être catholique, comme il en avait le droit. Il obtint d'être baptisé sous condition avec ses deux jeunes frères, ce qui fut pour lui une véritable satisfaction. Touché de tant de foi chez un enfant si jeune, mon père consentit à l'accompagner à la messe; ce fut un premier pas dans cette voie, où il devait faire ensuite de si rapides progrès.

« Je reviens à l'année où G... fit sa première communion. Il allait deux fois par jour chez le saint curé de notre village, puis apprenait et étudiait le catéchisme à la maison avec une assiduité admirable. Nous guettions son retour du village, mes sœurs et moi; parfois nous allions au-devant de lui; puis nous nous rassemblions tous les quatre dans une pièce où nous étions sûrs de n'être pas dérangés, et là, nous lui faisions répéter chaque mot de ce que lui avait dit le curé. Cet enfant de onze ans devenait professeur à son tour, et nous expliquait le catéchisme. Je me souviens avec quelle avidité Éveline écoutait ses instructions, et comme elle cherchait à comprendre et à se rendre compte de tout. Ne connaissant rien de la religion pour laquelle on avait voulu lui inspirer tant d'aversion, elle sentait cependant instinctivement que c'était la seule vraie; une lumière intérieure semblait l'éclairer, et elle s'écriait, comme entraînée irrésistiblement : « Dieu le veut! Dieu le veut! »

En vérité, « ô Seigneur du ciel et de la terre, vous avez caché ces choses aux sages et aux savants, tandis que vous les avez révélées aux simples et aux petits [1]. » Là, point de savantes discussions théologiques, point de sèches contro-

[1] SAINT LUC. X, 21.

verses, point de fastidieuses définitions du dogme. C'était la grâce de Dieu parlant par la bouche d'un enfant; et ainsi les paroles simples de ce petit catéchiste portaient la conviction dans l'intime du cœur de ses jeunes sœurs, plus facilement que ne l'eussent fait les instructions les plus claires du professeur le plus expérimenté.

Une chose fit une impression profonde sur ces jeunes filles à cette époque; ce fut la différence notable qu'elles remarquèrent dans la conduite de leur petit frère depuis qu'il se préparait à sa première communion. G... était un enfant naturellement vif, parfois volontaire et peu maniable; mais il était devenu si obéissant à ses parents, si doux envers ses frères et sœurs, que tout le monde s'en étonnait, et l'on se disait : « Bien sûr, nous avons été trompés; il doit y avoir quelque chose de très-bon dans une religion qui a une si grande influence sur le caractère. »

Un jour, les jeunes filles trouvèrent leur frère fondant en larmes parce qu'il avait eu des distractions en disant son chapelet; et le jour de sa première communion, l'enfant vint auprès de chacune d'elles, les suppliant, humblement, à genoux, d'oublier tout ce qu'il avait pu faire pour leur déplaire.

Le curé, frappé de la piété et de l'intelligence de ce petit garçon, voulut procurer au père la satisfaction de constater ses progrès. Il demanda donc au comte d'assister à une des dernières instructions qu'il devait encore donner à l'enfant. Le tendre père y consentit avec joie, et invita le prêtre à venir lui-même chez lui le lendemain, pour faire le catéchisme à son fils.

C'était par une délicieuse soirée de printemps, et la famille se trouvait réunie sur une terrasse. L'homme de Dieu commença sa leçon au milieu de l'attention la plus profonde. Les jeunes filles écoutaient avec un très-grand intérêt. L'aînée surtout, qui était remarquablement intelligente, ne pouvait s'empêcher d'admirer la tendresse paternelle, l'air convaincu avec lesquels le prêtre donnait son enseignement si clair et si logique; et le souvenir de l'instruction religieuse qu'elle avait reçue autrefois de la bouche d'un ministre protestant revenait naturellement à sa mémoire, et amenait un contraste qui faisait ressortir d'une manière touchante la vérité de la foi catholique.

Quant à Éveline, elle croyait entendre une voix du ciel lui parlant au plus intime de l'âme.

L'abbé était un de ces prêtres saints, zélés, âpres au travail, tels qu'on en trouve tant parmi le clergé français; il avait, de plus, une distinction et une dignité qu'on ne rencontre pas ordinairement chez les curés de village. Une expression de pureté rayonnait dans sa physionomie et révélait une âme en constante communication avec le ciel. Tout son maintien commandait le respect et inspirait la confiance et l'affection. Sans nul doute, quand il vit l'attention empressée de ses jeunes auditeurs, de ferventes prières sortirent du cœur du zélé serviteur de Dieu, afin que ces belles fleurs à peine épanouies pussent bientôt être plantées dans le jardin de Jésus-Christ, qui est arrosé par les eaux saintes des sacrements.

G... devait recevoir pour la première fois le pain de vie à la Fête-Dieu prochaine. La veille de ce grand jour, une inénarrable tristesse semblait s'être répandue dans l'âme de cet enfant qui s'était préparé avec tant de soin et une si ardente dévotion à cet acte, le plus important de la vie. Les larmes ne cessaient de remplir ses yeux. Il était navrant de voir son abattement. Lorsqu'on lui demanda la cause de son affliction, il répondit par ces touchantes paroles : « Oh ! ce qui me rend si malheureux, c'est la pensée que demain je serai le seul enfant qui approchera de la Table sainte sans être accompagné par un seul membre de ma famille. »

Ses sœurs lui conseillèrent d'aller tout de suite trouver son père, et de lui dire franchement la cause de son trouble. Il le fit; et, profondément ému du chagrin de son enfant, le père sortit, alla sur-le-champ trouver le curé, et le pria d'entendre sa confession.

Le jour suivant, il reçut la sainte communion agenouillé auprès de son fils; et l'on peut croire que ni la mère ni ses filles ne purent voir cette scène touchante et solennelle à la fois, sans éprouver la plus grande émotion.

Les jeunes filles n'avaient jamais, jusque-là, assisté à aucun office de l'Église catholique, et elles furent profondément impressionnées. Éveline était tout en larmes durant la cérémonie, et quand elle entendit les joyeuses strophes du *Lauda, Sion;* quand elle eut prêté l'oreille aux émouvantes et ferventes paroles adressées à ceux qui devaient recevoir la sainte communion; quand elle vit avec quel respect et quels sentiments d'adoration même les jeunes enfants venaient au-devant de leur Seigneur, elle pensa qu'il était véritablement présent sur l'autel, et que son âme mourrait si elle ne goûtait pas de ce pain de vie, « le pain des anges devenu la nourriture des hommes! »

De retour à la maison, elle se jeta dans les bras de sa sœur et lui dit que c'en était fait, et qu'elle voulait devenir catholique.

Il nous faut maintenant retrouver la mère, qui, hélas! n'avait pas le bonheur de pouvoir prendre part, avec son mari et son fils, à cette sainte fête eucharistique.

Elle aussi fut fortement impressionnée de la piété de son enfant. Les premiers rayons de la lumière de la vérité commencèrent à briller au milieu des ténèbres de l'erreur et des préjugés dont elle avait été entourée : une précieuse semence avait été jetée. On la vit tout de suite germer.

Cette dame se sentait donc troublée, mal à l'aise; et cepen-

dant il lui semblait impossible, coupable même, de quitter la
religion de toute sa vie, la religion dans laquelle sa mère bien-
aimée avait vécu et était morte, et à laquelle l'enchaînaient
encore les liens les plus forts. Elle était comme un vaisseau
sans gouvernail, ballotté sur la mer; des doutes surgissaient au
fond de son âme, mais elle s'efforçait de ramener la paix dans
son cœur, et elle espérait que la prière y rétablirait enfin le
calme.

Aussi, quand ses filles vinrent la trouver et lui parlèrent de
leur désir de se faire catholiques, elle fut profondément affligée,
et le trouble remplit son cœur. « O mes chères enfants, s'écria-
t-elle, vous ne pouviez rien me dire qui me causât plus de
peine. »

A la fin, vaincue par les ardentes supplications d'Éveline,
l'excellente mère consentit, quoiqu'à regret, à ce que ses filles
se fissent instruire, ce qui leur causa une grande joie. Le
dimanche suivant, encore sur les instances pressantes d'Éveline, elle alla pour la première fois à l'église du village. C'est là
que son âme parut recevoir une impulsion décisive de la grâce;
car, à partir de ce moment, son hésitation et sa répugnance à
chercher la vérité fondirent comme la neige au soleil. Elle
suivit la série des admirables instructions données par le bon
curé à ses enfants, et bientôt la mère et les filles recueillirent le
fruit des plus abondantes bénédictions. Elles virent que ce
prêtre leur enseignait la vérité, que l'Église catholique était la
seule Église de Jésus-Christ, et leurs cœurs ne tardèrent pas
à être remplis de cette paix et de ce repos qu'apporte toujours la possession de la vérité.

Au mois de juillet suivant, le jour de la fête de Notre-Dame
du Mont-Carmel, bien des yeux, dans l'église du village, furent
remplis de larmes de joie et de reconnaissance quand on vit
la mère et les trois jeunes filles, habillées de blanc, s'age-

nouiller devant l'autel et prononcer la formule d'abjuration. Tous les cœurs louèrent Dieu pour la grande grâce qu'il avait daigné accorder à cette famille bénie.

Ce fut le bon et vénérable évêque du diocèse qui les admit dans le sein de l'Église; il célébra le divin sacrifice, et elles reçurent de ses mains la sainte communion pour la première fois.

Et maintenant le père et la mère, les frères et les sœurs, et tous les serviteurs de la famille, participent ensemble, pénétrés de vénération et de reconnaissance, à ce divin banquet où Jésus, dans son amour, se donne lui-même à nous en nourriture.

CHAPITRE II

ÉVELINE AU MILIEU DE SA FAMILLE.

A partir de ce jour glorieux, Éveline ne vécut plus que pour croître constamment en grâce devant Dieu; elle n'avait plus qu'un seul désir, celui d'accomplir sa volonté sainte à quelque prix que ce fût; elle n'avait qu'un but, celui d'avancer dans la perfection. Son goût pour la vie religieuse devint plus prononcé; mais notre divin Sauveur voulait qu'elle travaillât encore au sein de sa famille et dans le monde, et le temps du sacrifice qui devait la porter à tout quitter pour le suivre n'était pas encore arrivé. Elle résolut donc d'attendre jusqu'à ce que Dieu voulût bien faire entendre sa voix plus distinctement au fond de son cœur, et elle s'appliqua de toutes ses forces à se rendre digne de la grâce qu'elle espérait recevoir un jour.

Le monde, avec tous ses attraits et ses illusions, s'ouvrait devant cette belle et joyeuse jeune fille; un avenir brillant et heureux semblait l'attendre; mais elle n'était ni éblouie, ni attirée par ces charmes séducteurs ; elle comprenait le néant et le vide de tout ce qui n'est pas Dieu, et elle éprouvait un grand dégoût pour le monde et ses plaisirs, et cependant montrait la plus grande indulgence pour ceux qui ne partageaient pas sa manière de voir. D'une piété profonde et ardente, elle demeura toujours éloignée de l'exagération. Gaie et enjouée, jamais on ne lui vit rien faire de singulier ni de susceptible d'attirer sur elle l'attention. Très-sévère envers elle-même, Éveline avait pour les autres une charité et une tendresse inépuisables ; elle était ingénieuse à trouver des excuses à leurs fautes, et jamais on ne l'entendit dire à personne un mot désobligeant. La chère enfant avait à cela d'autant plus de mérite, qu'elle avait reçu de la nature un vif sentiment du ridicule, et que, douée d'une grande finesse, elle saisissait promptement les côtés faibles d'autrui.

Comme la plupart des grands serviteurs de Dieu, Éveline eut à subir, à une époque, de nombreuses peines intérieures ; elle courut même un moment le danger que son excessive délicatesse de conscience ne dégénérât en scrupules extrêmes. Non contente de pleurer durant des heures entières sur les plus légères fautes, elle se reprochait à elle-même des péchés imaginaires. La pensée qu'elle était indigne des faveurs de Dieu la faisait souffrir cruellement. Mais le Seigneur, dans sa bonté, lui donna un directeur éclairé, qui à la prudence joignait la douceur et la fermeté. Avec l'assistance de la grâce, il réussit bientôt à guérir cette âme troublée, et à lui rendre de nouveau la lumière et la plénitude de la vie spirituelle, dans laquelle, depuis ce temps, elle fit les plus rapides progrès.

Elle partageait les études et les travaux de ses sœurs, et il existait entre elles trois une profonde et rare affection. Jamais ces sœurs si intimement liées ne se quittèrent, même pour un jour, jusqu'au mariage de la plus jeune d'entre elles, qui eut lieu quelques années plus tard; de sorte qu'Éveline disait en riant qu'elles étaient comme la feuille de trèfle, tant était étroite leur union.

Éveline avait un grand attrait pour la musique, et un goût très-pur pour en apprécier les beautés, quoiqu'elle n'égalât pas ses sœurs comme talent d'exécution : ces deux jeunes filles étaient de parfaites musiciennes. Le dessin avait aussi pour elle le plus grand charme, et elle excellait dans cet art. Elle se plaisait à illustrer les psaumes et des extraits choisis de ses auteurs favoris; elle dessinait à la plume ces vignettes avec un goût infini et une grande finesse de touche, prenant pour ses modèles les fleurs des champs les plus délicates et les herbes les plus gracieuses.

Elle aimait passionnément les fleurs; elle les considérait comme les douces messagères du paradis et comme les gages constants de l'amour de notre Père céleste. Dans sa candide imagination, elle croyait les entendre chanter l'amour de Dieu, et les voir refléter ses perfections dans leurs formes harmonieuses, leurs riches couleurs, leurs délicieux parfums. Une de ses fleurs de prédilection était le beau lys blanc, l'image de Celle qui fut si humble dans le temps et si glorieuse dans l'éternité, la Vierge pure de Nazareth et la Reine des cieux, de Marie notre Mère et la Mère de Dieu. Le lys lui était cher encore parce qu'il ne croît nulle part avec plus d'abondance que dans le jardin des chaumières, au milieu des pauvres et des petits, et que c'est là qu'il élève plus haut sa tige royale et se revêt de cette parure dont Notre-Seigneur a dit que « même Salomon dans toute sa gloire ne l'a jamais égalée [1] ».

Les sœurs d'Éveline ne se souciaient guère plus qu'elle de prendre part aux bals et aux réunions qui animaient la ville

---

[1] SAINT MATTH., VI, 29.

de .... Et cependant il ne faut pas penser qu'elles vivaient dans la solitude et l'isolement, car elles avaient un cercle d'amis intimes et choisis dont la société leur procurait de nombreux plaisirs, tant pour l'esprit que pour le cœur; et, dans l'exubérance de la jeunesse et du bonheur, elles trouvaient des charmes au milieu des innocents amusements de la vie de campagne.

Leur grande joie était de faire des courses dans les environs, particulièrement pendant les vacances de leurs frères, soit à cheval, soit en voiture. Emportant un panier bien approvisionné, on partait pour passer de longues heures sur l'un ou l'autre des sites ravissants qui abondaient dans le voisinage.

Une de leurs promenades favorites avait pour but une vieille chapelle en ruine, située sur le sommet d'une colline stérile, qu'on atteignait après avoir longtemps monté à travers un bocage ombreux de châtaigniers et de hêtres. Trois grandes croix étaient placées sur le devant du sanctuaire, où une lampe brûlait toujours près d'une antique et vénérable statue de Notre-Dame de Pitié. De cet endroit on avait une vue magnifique et qui s'étendait au loin.

Éveline, assise sur la plate-forme, ne se lassait jamais de contempler les pics majestueux des montagnes, dont un ciel bleu et sans nuages faisait merveilleusement ressortir la blancheur, et les collines boisées qui descendaient en ondulant jusqu'aux riches et verdoyantes vallées étendues à ses pieds. Elle aimait à se rappeler les saintes légendes qui se rattachaient à ce lieu sauvage, maintenant solitaire et silencieux, excepté à certains jours de fête où l'on pouvait voir encore une foule de pieux pèlerins, agenouillés autour de l'antique sanctuaire, invoquer l'aide de la Mère de miséricorde.

Les années se passaient ainsi, et, en dehors de quelques voyages à Paris, d'une visite en Angleterre et des courts séjours, l'été, aux bains de mer et aux eaux, rien ne vint troubler cette douce et heureuse vie de famille, sur laquelle aucun nuage n'avait encore jeté son ombre.

Mais le jour arriva où le trèfle perdit une de ses petites feuilles : la plus jeune des sœurs, compagne inséparable d'Éveline et confidente de ses pensées et de ses sentiments, quitta la maison paternelle pour suivre le mari de son choix. C'était la première séparation ; et tandis que la famille se réjouissait de son bonheur et des jours que lui promettait l'avenir, l'absence de cette enfant charmante et bien-aimée n'en était pas moins vivement sentie et pleurée de tous.

Une correspondance assidue et régulière va s'établir entre les deux sœurs. Là, se manifestera pleinement le riche fond de la nature aimante d'Éveline. La jeune fille écrira des lettres d'une tendresse touchante, où elle répandra toute son âme dans l'âme de cette chère sœur, à laquelle elle était si attachée.

Les lignes suivantes sont extraites de deux lettres écrites après le départ de sa sœur. Éveline lui parle de la mort d'une pauvre femme qu'elles avaient connue et visitée ensemble :

« Nous avons eu ce matin une grande émotion : je faisais mes prières après la messe du premier jour de mai, lorsque j'ai vu Claverie entrer d'un air affairé ; je n'y ai pas fait attention, quand, un moment après, le curé m'a fait prier de passer à la sacristie, et m'a annoncé sans préambule que la pauvre madame Pierre était morte hier soir à sept heures ! J'ai été atterrée. J'avais été la voir avec papa et R..., et à six heures passées j'étais auprès d'elle, lui faisant la lecture. jamais elle n'avait semblé mieux portante, plus remplie d'espérance de guérison et de vie. Quand Pierre est rentré de sa journée, une heure après, il l'a trouvée morte sur son lit. Je ne puis te dire, mon ange, combien je remercie Dieu d'avoir été inspirée d'aller la voir hier ; jamais je ne me serais consolée

de l'avoir laissée mourir comme cela ; je me serais figuré mille
choses qui m'auraient désolée. Pauvre vieille femme ! Encore
un lien avec le passé qui s'est rompu. Elle avait été si contente de nous voir ! elle a mis son grand fauteuil de paille
devant sa porte, pour papa, qui s'y est assis ; il s'est reposé là
avec R... pendant que je lui faisais une petite visite ; je lui ai
offert de lui faire la lecture, elle m'a apporté un petit livre de
piété, puis elle a changé d'avis et m'a demandé de lui lire la
Passion. Je trouvais que ce n'était pas approprié au beau temps
de Pâques, mais le bon Dieu en savait plus long que moi. Elle
suivait à voix basse chaque mot de cet admirable récit, qu'elle
savait par cœur, en baisant de temps en temps l'image du
Sauveur sur une médaille que je lui avais apportée. Quand la
lecture a été finie, elle m'a dit avec effusion qu'elle était si
heureuse d'avoir fait ses pâques, qu'elle prierait pour nous tous,
et surtout pour toi, mon ange. Puis, comme je lui disais de
nous faire savoir si elle était plus malade, elle me répondait :
« Oh ! oui ; mais j'ai l'espérance de guérir. » Elle joignit les
mains et me dit avec ferveur : « Oh ! j'ai tant de confiance
« dans le bon Dieu, si grande confiance !... » Elle m'a em-
brassée, et nous sommes partis. Sa confiance n'aura pas été
trompée, car ceux qui espèrent en lui ne sont pas confondus.
De cette mesquine chaumière, de ce corps languissant, aux
pieds du Sauveur, et plus tard (peut-être tout de suite) au ciel,
ma B... chérie, quel glorieux passage ! Le curé m'a dit : « Elle
« n'a pas pu recevoir l'extrême-onction, mais, pour elle, je
« suis tranquille... » Un moment de plus, elle mourait dans
mes bras. C'est une fin bien douce (en apparence, du moins),
mais j'aurais bien voulu être là jusqu'au dernier moment. »

« 3 mai.

« Hier, mon ange, nous avons été dire un dernier adieu à la

pauvre madame Pierre, et à cette petite chaumière où nous sommes allés si souvent tous ensemble, dans toutes sortes de circonstances et de saisons. Tout nous y était un souvenir : les touffes de giroflée et de réséda à la porte, la petite fenêtre près du lit d'où l'on voyait notre chère maison, le fauteuil de paille et la chancelière de H.... Nous étions émus en entrant dans cette petite chaumière, où l'ange de la mort nous avait précédés de si peu. Sur le lit était l'enveloppe terrestre de cette âme délivrée, qui avait battu longtemps contre les barreaux de sa cage; elle était arrangée selon les coutumes touchantes des paysans, que tu connais bien, toute couverte de draps blancs semés de petites branches odoriférantes; les mains jointes comme en prière; le signe de son salut à côté d'elle, sur une petite table, avec de l'eau bénite et un rameau presque frais. Le pauvre vieux Pierre était à côté d'elle, simple, désolé et très-touchant; les voisins se relayaient pour prier près d'elle. Son pauvre vieux mari nous a donné deux petites images comme souvenir. Elle a été enterrée ce matin; son départ ne sera pas aperçu dans le monde, mais son âme, aussi précieuse à son Sauveur que celle des plus grands princes de la terre, a été, nous en avons la confiance, accueillie dans la cité céleste. »

Dans la lettre qui va suivre, elle raconte comment s'est passée la fête de l'Assomption. Ce fragment montrera, beaucoup mieux que tout ce qu'on pourrait dire, quelle séve d'amour et de piété coulait à travers tous les écrits les plus familiers d'Éveline :

« 16 août.

« Hier, ma douce sœur, a été un grand jour pour toute la paroisse en général, et pour nous en particulier; un jour saintement heureux, plein de prières, de vœux et de souhaïts pour nos *Maries* si aimées, et sur lequel ton souvenir répandait cette teinte de tristesse mêlée d'espérance qui nous fait toujours souvenir, en se mêlant aux joies d'ici-bas, qu'elles ne sont que la figure des joies célestes. Nous avons été conduits à cette chère fête par une douce et simple retraite prêchée par notre ami le Père E..., et dont notre Marie chérie, qui a fait des tours de force pour assister à tous les sermons, t'a parlé, ma chérie. C'était une suite d'instructions simples et très-pratiques, faites par un saint missionnaire embrasé de l'amour de Dieu, qui nous ont fait du bien et nous ont laissé un doux souvenir. . . .

. . . .

« La veille de la fête, quand nous étions encore à table, on est venu nous dire mystérieusement que Chartier était là avec les fleurs. Marie et moi nous nous sommes esquivées, et nous sommes montées chez notre bien-aimée mère, où nous avons trouvé le jardinier qui nous apportait une admirable collection de plantes. En un moment la fenêtre à treillage a été transformée en une vraie serre, et est devenue un vrai bouquet de fuchsias des plus rares, de géraniums, de bégonias, etc. Je t'assure, ma B..., que c'était exquis. Nous avons écrit un petit mot d'offrande et de bon souhait, que nous avons confié à un géranium rose, et nous avons soigneusement fermé la fenêtre pour qu'on ne vît notre ouvrage qu'à la lueur du beau soleil de l'Assomption. . . . .

. . . .

« Le lendemain, ma bien-aimée, tes deux délicieuses lettres et les beaux bouquets ont souhaité, dès leur réveil, la fête à nos deux Maries, et sont venus leur apporter les tendres souhaits de ton cœur, ce qui les a rendues bien heureuses. Le temps était éblouissant et le ciel sans nuages; notre ange de maman, en ouvrant sa fenêtre, a été saluée par une brise plus parfumée que de coutume, et ravie de l'éclatant bouquet qui s'est offert tout à coup à sa vue. Notre Marie chérie a trouvé, en se levant, sa part des tendres souvenirs qui l'attendaient pour lui dire, une fois de plus, que la distance ne peut empêcher les cœurs aimants de se retrouver. . . . .

« En lisant tes chères lettres, il nous semblait presque que tu étais là, mon ange, là comme autrefois, mêlant tes souhaits, tes vœux, tes prières aux nôtres. Mais c'est à la sainte messe, à la sainte et belle cérémonie de l'Église que nous avons pensé à toi; mon cœur s'est transporté tout près du tien, sous les voûtes imprégnées de prière de Notre-Dame des Victoires, et s'est réjoui de l'union parfaite que l'on trouve dans le cœur de notre Dieu. Ma B... chérie, tu aurais été touchée jusqu'aux larmes si tu avais vu notre petite église; on l'avait ornée avec un soin extrême; à l'entrée du chœur on avait mis des arcs de verdure et de roses, sur lesquels était écrit : « A Jésus pour toujours. » On a chanté la messe royale que tu aimais tant avec le *Credo* accompagné par l'orgue. Puis, après le touchant évangile de Marthe et de Marie, *les deux sœurs aimées de Jésus,* le Père E... nous a prêché un admirable sermon, dont je voudrais te trans-crire chaque parole comme elles sont descendues goutte à goutte dans mon cœur. Le texte était ces mots de saint Paul : « Je vis, non, ce n'est pas moi qui vis, c'est Jésus-Christ qui « vit en moi. » Le sujet était l'union entière, complète et par-faite du Sauveur avec le chrétien fidèle. Il a parlé de la sainte communion, ma sœur chérie, à faire pleurer de reconnaissance et d'amour pour une si ineffable miséricorde, une si incom-préhensible condescendance. O mon ange, tu aurais aimé cette ardente parole inspirée par l'amour de Dieu.

« Les chers enfants de la première communion étaient tous rangés devant la sainte Table, et derrière eux, ceux qui l'avaient faite l'année dernière, parmi lesquels étaient Jean (ton petit chantre), Marie et Anna. Tous étaient profondément recueillis. Au moment de descendre de l'autel pour leur donner la sainte communion, le curé leur a adressé quelques paroles, parties vraiment du cœur, qui les ont touchés jusqu'aux larmes. Je regardais *mes* deux enfants avec un intérêt plus vif que les autres : leur attitude était émouvante ; le pauvre petit Cadeton sanglotait tellement qu'il trempait la sainte nappe de ses larmes ; tout son corps en tremblait ; et Jean avait l'air d'un petit saint.

« Chacun a été initié à son tour au mystère divin, le soleil de notre pèlerinage terrestre. Je suis sûre que tous ont bien prié pour toi, ma sœur bien-aimée. Les chanteuses ont chanté des cantiques, mais on sentait trop l'absence de leur maîtresse chérie ; cependant, elles ont fait de leur mieux. C'était une cérémonie singulièrement touchante, je ne sais pourquoi il me semble que je n'en ai jamais vu comme cela. Plus de la moitié de la paroisse a fait la sainte communion. La veille, le Père E... et le curé sont restés au confessionnal de cinq heures du matin à minuit.   .   .   .   .

.   .   .   .

« A vêpres, le père E... a dit quelques mots sur la persévérance, suivis d'une fervente prière pour que cette grâce fût accordée à nous tous. On avait arrangé un petit autel près de la sainte Table, sur lequel était le saint Évangile ouvert, et la formule des vœux du baptême. Les enfants se sont avancés deux à deux et ont renouvelé ces vœux à voix basse, en baisant la page sacrée. Pendant ce temps, on chantait un beau cantique du Père Hermann, que l'abbé E... avait appris aux chanteuses durant la retraite, et qu'il accompagnait d'une voix belle et riche du haut de la chaire. A la procession, on a chanté les litanies que tu as enseignées, mon ange. Enfin, cette sainte journée a été scellée par la bénédiction du Saint Sacrement. Oh ! combien de fois je pense à toi en la recevant, ma bien-aimée !

« Mille fois, pendant cette journée, mon cœur était avec le tien, battant des mêmes émotions, rempli des mêmes pensées. Ma bien-aimée Marie et moi nous nous sommes figuré bien des fois le bonheur que tu éprouvais à entendre les magnifiques chants du sanctuaire privilégié que tu avais choisi pour asile, ce jour-là, et nous nous sommes rappelé tout ce que tu avais fait l'année dernière, les répétitions, les leçons, celle de la veille du grand jour surtout, que je n'oublierai jamais. Quand j'ai été te chercher, le soir, l'église était mystérieusement éclairée par un seul cierge, et tu étais là, ma B..., dans la mi-ombre, entourée de ta classe attentive, lui apprenant à chanter la gloire de Dieu, pour l'amour duquel tu faisais toutes ces choses. Cette année, il ne nous en reste que le souvenir; mais il est vif, presque comme la réalité, et bien doux aussi. »

Nous voici maintenant arrivés à l'époque où une voix se fit entendre à Éveline, l'appelant à se dévouer entièrement au service de Dieu. Cette voix lui disait : « Si vous voulez être parfait, allez, vendez ce que vous possédez, et donnez-le aux pauvres, puis venez et suivez-moi [1]. » Pour elle, renoncer au monde n'était rien; mais quitter ceux qu'elle aimait si profondément, dire adieu à sa chère famille, voilà ce qui faisait saigner son cœur. Cependant elle se rappelait les paroles de Jésus-Christ : « Celui qui aime son père et sa mère plus que moi n'est pas digne de moi [2]. » Éveline résolut donc d'abandonner tout pour Dieu qui lui avait témoigné tant d'amour, et d'avancer d'un pas ferme dans la voie du sacrifice.

Mais, avant de nous étendre davantage sur sa vocation, exposons en quelques mots son genre de vie, avant son départ de la maison paternelle, car ce fut, pour ainsi dire, un apprentissage de cette vie de renoncement qu'elle allait embrasser.

« Elle se levait, hiver comme été, à cinq heures, et allait de bon matin à la messe dans l'église du village. Sa femme de chambre,

<hr>

[1] Saint Matth., xix, 21.
[2] Saint Matth., x, 37.

qui était bonne et pieuse, et qui partageait heureusement ses goûts, l'accompagnait ; et, dans les sombres matinées d'hiver, elles portaient une lanterne pour éclairer leurs pas. Prosternée dans l'église, Éveline répandait toute son âme devant Dieu, et le curé nous disait qu'il avait vu rarement prier comme cela. Elle faisait une lecture spirituelle et une méditation d'une heure dans sa chambre.

« Après le déjeuner, elle s'occupait à lire et à travailler pour les pauvres. D'une extrême adresse pour toute sorte de travail à l'aiguille, son plus grand bonheur était de se trouver seule dans sa chambre avec son *Imitation* sur ses genoux, faisant des vêtements ou raccommodant des bas pour ses bonnes vieilles femmes. Deux fois par semaine, elle avait une classe d'enfants auxquels elle apprenait le catéchisme et qu'elle préparait à la première communion. Elle était douée d'une grande aptitude pour l'enseignement, et le curé avait l'habitude de lui envoyer les enfants les moins intelligents, les plus indociles et les plus obstinés ; car, grâce à sa patience, sa douceur et sa bonté, elle en faisait toujours quelque chose. En dehors de cette classe, elle avait chaque matin des enfants du village auxquels elle apprenait à lire, à écrire et à compter.

« Dans l'après-midi, elle était toujours prête à accompagner sa mère et ses sœurs dans leurs courses ou leurs promenades. Mais, chaque fois qu'elle le pouvait, elle allait voir les pauvres et leur prodiguait les soins d'une charité douce et éclairée. Elle les aimait passionnément ; les malades surtout lui inspiraient la plus profonde compassion, et il n'y avait rien qu'elle n'inventât pour soulager leurs maux et adoucir leur cruelle position. Elle faisait leur lit, changeait leur linge, pansait leurs plaies, et ne se laissait rebuter par aucune répugnance ni aucun dégoût. On semblait oublier sa jeunesse, et elle inspirait une si grande confiance, à première vue, qu'on lui racontait volontiers tous les chagrins et tous les secrets du cœur et de l'âme. Elle était d'un conseil admirable, et trouvait toujours le mot juste pour guider et pour consoler [1]. »

Déjà, tout enfant, Éveline montrait la plus grande pitié envers ceux qui souffraient, quel que fût le genre de douleur qu'elle avait sous les yeux, et elle semblait toujours animée d'une bienveillance particulière à l'égard de ceux à qui personne ne pensait, que personne ne regardait. Et quand elle devint plus âgée et qu'elle dut prendre part aux réceptions, on a souvent remarqué que, parmi les hôtes de son père, c'était toujours aux moins attrayants qu'elle témoignait la plus charmante et la plus gracieuse bonté, comme pour les dédommager de l'indifférence et de la froideur des autres. Maintenant que l'amour du divin Maître, devenu le principe de ses actions, la portait à suivre les exemples que le Sauveur nous a donnés, sa charité plus profonde et plus tendre lui faisait choisir comme objets de sa préférence les pauvres, les infirmes et les abandonnés.

Une de ses amies raconte que, un jour, se promenant avec elle dans la campagne, deux enfants qui jouaient à la porte d'une chaumière appelèrent leur attention. L'un était une ravissante petite créature à figure d'ange ; remarquant à peine la beauté de cette enfant qui avait captivé l'attention de son amie, Éveline fut tout de suite attirée vers l'autre, qui était un enfant chétif et malingre. Elle prit dans ses bras le pauvre petit souffreteux, le couvrit de baisers, et lui adressa les paroles les plus aimables et les plus caressantes.

Elle n'était pas moins remarquable par son humilité que par sa charité. Son maintien était si modeste et si timide, que ses sœurs l'appelaient « la violette ». Elle fuyait la louange et l'admiration, et ne cherchait en tout que la gloire de Dieu. A la maison, elle prenait toujours la dernière place, et ce qu'il

---

[1] Ceci est extrait des notes écrites par la sœur aînée d'Éveline.

y avait de moindre en toute chose ; et elle se chargeait des tâches les plus ennuyeuses et les plus fatigantes avec tant de bonne volonté, de gaieté et de charme, qu'elle paraissait suivre en cela uniquement son inclination. En un mot, sa vie du matin au soir n'était qu'une suite non interrompue de mortifications et de sacrifices, et chaque jour son âme s'enrichissait de nouvelles grâces, car nous lisons dans l'*Imitation* ces paroles : « Plus un homme meurt à lui-même, plus il vit en Dieu... Plus la nature est mortifiée et assujettie, plus la grâce se répand avec abondance, et ses nouvelles visites réforment tous les jours de plus en plus l'homme intérieur selon l'image de Dieu [1]. »

CHAPITRE III

VOCATION RELIGIEUSE D'ÉVELINE.

Quand Éveline parla à ses parents de sa vocation et de son désir de devenir Sœur de charité, ce ne fut pas pour eux une surprise. Ils s'en doutaient depuis quelque temps, voyant que sa résolution de ne point se marier était inébranlable, et que son détachement des choses de la terre croissait de jour en jour. La pensée de se séparer d'un enfant qui faisait leurs délices était d'une amertume extrême, et la privation que leur causerait son absence était une épreuve presque au-dessus de leurs forces ; mais, en parents véritablement chrétiens, ils savaient que consacrer à Dieu l'objet de tant d'amour, c'était assurer son bonheur pour le temps et pour l'éternité.

Ainsi ils résolurent, si la vocation était reconnue véritable, de s'unir généreusement au sacrifice de leur fille, et d'offrir à

[1] *Imit.*, liv. III chap. LIV.

Dieu des actions de grâces, avec une entière soumission de cœur, pour la faveur qu'il daignait lui faire en l'appelant à se consacrer à son service et à prendre soin des membres souffrants de son Fils Jésus-Christ.

Toutefois, dans la crainte que leur chère enfant ne se laissât égarer par l'enthousiasme et l'ardeur d'un zèle indiscret, ils la pressèrent d'attendre encore quelque temps. Avant de prendre une décision définitive, ils voulaient qu'elle examinât toute chose avec une entière maturité et qu'elle eût une pleine connaissance du monde. Ils lui proposèrent donc d'aller à Paris, afin de l'éprouver, en la mettant en contact avec des parents et des amis qui ne l'encourageraient pas et ne la soutiendraient point dans ses désirs; et ce n'était pas peut-être sans un secret espoir, de leur part, que le sacrifice ne leur serait point demandé.

Certainement ce fut un temps de combats, d'épreuves et de grandes souffrances pour Éveline, qui souvent, craignit de succomber sous le poids de ses croix. Elle n'eut jamais la moindre hésitation à obéir à l'appel de Dieu; mais elle aurait peut-être consenti, par déférence pour les désirs de ses parents, à retarder sa décision, sans un incident providentiel. Un prêtre anglais éloquent et pieux prêchait un jour dans la chapelle de l'hospice où plus tard elle devait faire son noviciat. Éveline fut tout particulièrement frappée par quelques paroles qui allèrent droit à son cœur, et dont le sens était « qu'elle devait faire vite ce qu'elle avait à faire ». Aussitôt elle comprit qu'il ne fallait pas perdre les bénédictions de Dieu en allant en arrière, lorsque le Seigneur lui ordonnait d'avancer. Alors elle déclara à son père et à sa mère qu'elle était prête à se rendre à Paris si cela leur faisait plaisir, mais que sa détermination était prise, et qu'elle devait embrasser dans le plus bref délai la nouvelle vie à laquelle Dieu l'appelait.

La volonté de Dieu, relativement à la vocation d'Éveline,

semblait maintenant si clairement manifestée, que sa famille commença à penser qu'il ne fallait pas s'y opposer plus long-temps, et son père lui donna permission pleine et entière d'entrer à l'hôpital de ..... à la fin de l'été. Sa sœur, dont le cœur saignait à la pensée d'une séparation prochaine, écrivit à cette époque à l'une de ses parentes la lettre suivante :

« Vous savez ce que notre divin Sauveur exige de nous, rien moins que le sacrifice de notre petite sainte, l'ange du foyer, notre consolation, notre joie! Nous nous efforçons de ne voir dans cet appel de Dieu qu'une source de bénédictions pour nous tous. Nous cherchons à nous détacher de tout sentiment terres-tre, personnel ou égoïste, pour ne considérer que le grand bonheur et le privilége d'une aussi sainte vocation. Le combat est rude, et souvent nous faiblissons et nous succombons; mais Dieu, qui demande le terrible sacrifice, nous donnera la force nécessaire pour l'accomplir.

« Notre Éveline chérie est pleine de courage, de résolution, presque de gaieté; elle nous soutient tous, mais son parti est pris, sa détermination est irrévocable ; il est inutile de discuter ou de raisonner avec elle, car la voix de Dieu fait taire toute autre voix. Une sainte *dans* le monde ne satisfait pas ses aspi-rations à la perfection, elle veut être une sainte *hors* du monde, et sans aucune chose entre elle et Dieu. Je crois qu'il n'y a que ceux qui sont appelés d'une façon toute spéciale à être les ser-viteurs et les disciples de Dieu, qui peuvent comprendre la force irrésistible d'une vocation religieuse. Quand nous lui demandons d'attendre encore un an, elle répond : « Voilà déjà « quatre ans que j'attends, et Dieu nous punira tous sévère-« ment si je tarde davantage. » Elle vous dira mieux que je ne saurais le faire, ses motifs, ses pensées et ses aspira-tions. »

Ce fut en vain que, à Paris, les parents de la jeune fille,

désapprouvant son projet, essayèrent d'employer auprès d'elle tous les moyens de persuasion.

Ils furent étonnés de trouver chez Éveline, qu'ils avaient connue toujours si douce et si facile, tant de fermeté et tant de constance. Ils virent qu'il était impossible de l'ébranler dans l'exécution de son dessein.

Elle rencontrait de tout côté de l'opposition, mais elle n'y faisait pas attention. Écrivant sur ce sujet, elle s'exprime en ces termes : « Je sais que *** désapprouve mon dessein, mais il en doit être ainsi ; tout le monde ne peut me louer : en vérité, ce serait pour moi un écueil si j'avais l'approbation de tous, car quelque chose d'humain se trouverait mêlé à ce qui doit venir de Dieu, et à ce qui vient effectivement de lui seul. »

Elle écrit encore ces mots : « Il a plu à notre Dieu, dans sa grande miséricorde, de jeter un regard sur sa pauvre créature, si faible et si grande pécheresse, et de m'appeler à le servir tous les jours de ma vie, en la personne de ses pauvres. Je ne pourrai jamais être assez reconnaissante envers lui pour une si grande bonté et pour la miséricorde particulière avec laquelle il ouvre, devant moi, un sentier béni qui doit me conduire, à travers ce court pèlerinage, à la véritable patrie. Il est nécessaire que je détourne mes pensées de moi-même et que je me perde dans l'abîme de sa miséricorde, car le sentiment de ma misère et de mon indignité m'écraserait entièrement. Véritablement, mon H..., c'est pour moi une profonde affliction de quitter ceux que j'aime le plus, et de leur causer ne fût-ce qu'un moment de chagrin. Aucune considération terrestre n'aurait jamais pu me porter à prendre ce parti, mais Celui qui m'appelle sait ce qui est le meilleur ; et ce n'est pas en désobéissant à ses ordres que je pourrai assurer le bonheur de ceux que j'aime. Oh ! non, ma douce amie, ce bonheur qui m'est plus cher que le mien propre, je le confie à l'amour de notre

Sauveur ; placé dans ses mains divines, il est mieux qu'entre mes pauvres mains, à moi. Chacune a sa vocation ; et, faibles que nous sommes, ne sachant pas ce qui est pour le mieux, nous n'avons qu'une prière à adresser à Dieu : « Que votre « volonté soit faite ! » Notre bon Maître a promis de l'écouter ; et, en nous exauçant au prix de n'importe quel sacrifice, il nous donne sa paix, qui, véritablement, « surpasse toute intelli- « gence. »

Dès les premiers jours du christianisme, l'esprit du monde a été en antagonisme avec l'esprit religieux, et il en sera ainsi jusqu'à la fin. D'un côté, c'est l'orgueil de l'intelligence, la sensualité ; de l'autre, c'est le respect, l'obéissance, la simpli-cité, la pureté. Le monde, qui ne veut pas reconnaître l'action de la grâce dans l'ordre surnaturel, et qui fait prendre aux créatures la place de Dieu, ne comprend rien à la profondeur de cet amour qui abandonne tout pour Dieu, qui offre tout, qui ne connaît pas de bornes, qui conduit à l'apogée du sacri-fice, celui du corps, sacrifice « vivant, saint, agréable à Dieu[1] » ; celui de la volonté, holocauste dont il est dit que « l'obéissance vaut mieux que le sacrifice[2] ». Le monde s'imagine que, dans la vie religieuse, les affections humaines sont affaiblies, les liens de la terre rompus, tandis que, au contraire, toutes ces saintes choses ne sont que sanctifiées et perfectionnées, et rendues plus fortes. Il déverse le ridicule sur la mortification, le renoncement, oubliant que Jésus dit : « Si quelqu'un veut venir après moi, qu'il se renonce lui-même, qu'il porte sa croix et me suive[3]. » Et encore : « Celui qui aura abandonné sa maison, ou ses frères, ou ses sœurs, ou son père, ou sa mère, ou sa femme, ou ses enfants, ou ses champs, à cause de mon

[1] *Épît. aux Rom.*, XII, 2.
[2] *I Rois*, XV, 22.
[3] SAINT LUC, IX, 23.

nom, recevra le centuple et possédera la vie éternelle [1]. »

Mais ne nous étendons pas davantage sur cette question.

Afin de procurer à Éveline l'occasion de dire adieu à ses parents du côté maternel, auxquels elle était tendrement attachée, sa famille se décida à faire un court séjour en Angleterre avant de retourner au lieu de sa résidence habituelle. En allant à Boulogne, Éveline écrivit à sa sœur Marie la lettre suivante, tracée au crayon, par intervalles, durant la route :

« Je t'écris dans un petit coin du wagon, tout occupée que je suis de toi; c'est un peu difficile pour le matériel, car nous allons comme le vent, mais mon cœur affermira ma plume. Nous volons à travers des champs de blé et d'avoine, émaillés de bluets et de coquelicots. C'est ravissant de beauté, de cette beauté que Dieu, dans sa bonté, a répandue sur notre route ici-bas. E... cause le plus confortablement du monde avec maman; Émile dort après m'avoir raconté une quantité d'histoires d'accidents de chemin de fer. H... [2] dort d'un sommeil profond. Elle a l'air du lion des armes de la Grande-Bretagne, et tient énergiquement à la main son parapluie. Un Allemand et sa femme sont à l'autre bout du wagon. Ils viennent de manger avec leurs doigts de la langue froide et du pain, et ils parlent une langue impossible à comprendre. Maman dit que c'est une lune de miel, je n'en vois pas grande trace.

« Et toi, ma douce et bien-aimée sœur, que fais-tu? Je pense que tu es à déjeuner avec notre B... chérie. C'est étonnant comme on peut se transporter par la pensée où l'on veut; je t'assure que je suis à côté de vous, mes anges. Je vois les fleurs sur la table, je sens l'odeur des fraises et des ananas; je vous vois surtout, mes chéries, si bonnes, si belles, si aimantes et si aimées. Oh! oui, ce petit corps frêle et borné où loge notre

[1] Saint Matth., xix, 29.
[2] Une vieille femme de chambre.

âme n'est pas une prison, et grâce à la bonté de notre Père céleste bien-aimé, il n'y a pas de distance, pas d'éloignement pour les cœurs qui se connaissent et s'aiment en lui. Tu sais comme l'âme ardente et sympathique de saint Paul s'écriait : « Je suis éloigné de corps, mais présent en esprit. » Et pourtant si tu étais ici, ma petite sœur chérie, ce serait *beau!* Mais je ne dois pas parler de cela.

« Nous passons par Amiens ; je donnerais un empire pour prier pour mes bien-aimés sous les ombrages de la cathédrale, mais je sais qu'il n'y faut pas penser. Je ne sais pas si tu pourras me lire, car le train s'agite comme un grand serpent blessé. Nous filons à travers des plaines de blé, et çà et là des moulins à vent nous disent, en agitant leurs bras, que le gale souffle sur la mer !

« Nous venons, ma chérie, de prendre un beefsteak et des pommes de terre, durant les quinze minutes d'arrêt à Amiens. C'est le traitement préventif d'E... contre le mal de mer. Elle est inexorable pour le chocolat et le biscuit! Nous n'avons pas même vu Amiens, encore moins sa cathédrale. Nous avons déjeuné à la gare ; des cascades d'Anglais descendaient des wagons, et c'était un curieux spectacle de les voir, au buffet, mangeant des poulets, des côtelettes, des beefsteaks.

« Nous passons comme le vent auprès de villages remplis d'hommes et de femmes, dont chacun a des intérêts, des espérances, des joies, des peines, qui pour eux sont d'une importance immense et que nous ne connaîtrons jamais; et le divin Père qui est aux cieux connaît, considère et dirige tout cela avec un amour que nous ne comprendrons que là-haut.

« ...L'Allemand dort ; l'Allemande dort ; Émile dort ; H... dort. Maman et E... causent délicieusement, et moi, je pense! Non, je t'écris; c'est tout un! Avec quel amour je baiserai ta lettre, ma chérie, ta lettre qui me parlera de toi, de notre B...

chérie et de son doux petit ange d'enfant ! Quelle bénédiction
au milieu de nous que cette âme pure, sortie toute fraîche des
mains de Dieu, encore embaumée des grâces du baptême !
Cela inspire du respect, parce qu'il n'y a pas encore là un
grain de la poussière de la terre.

« Et maintenant, au revoir, ma sœur chérie. O mon Dieu!
bénissez ma petite Marie, cette bonne, angélique et douce
sœur, comme vous le demande l'âme brûlante de sa sœur.

« ÉVELINE. »

C'était en 1862, année de l'Exposition, et Éveline visita
plusieurs fois cet entrepôt immense de tout ce que peuvent
produire les arts et l'industrie. Elle y prenait un très-vif intérêt,
car elle trouvait là, naturellement, beaucoup de choses capables de charmer ses yeux et de plaire à son imagination. Mais
ce qu'elle aimait le mieux, c'étaient les tableaux, parce qu'ils
parlaient à son cœur; et l'on reconnaissait dans ceux qu'elle
préférait la pente habituelle et la constante direction de ses
pensées. Elle s'arrêtait avec une complaisance marquée devant
des tableaux tels que le Martyr chrétien au temps de Dioclé-
tien; la Madeleine pâle et exténuée d'Herbert, qui sortait dès
l'aurore, tout en pleurs et remplie d'amour, pour porter des
aromates au sépulcre de son Maître bien-aimé.

Quoique regrettant profondément le parti qu'allait prendre
Éveline, ses parents protestants lui étaient trop attachés, et
avaient pour son caractère une trop grande admiration pour
condamner ce qu'ils ne pouvaient comprendre. Eux, et tous
ceux de ses amis qui la voyaient, se sentaient très-frappés de
l'angélique expression de sa physionomie tout empreinte d'une
paix et d'un calme qui n'étaient pas de ce monde, et qui
étaient un reflet de la beauté intérieure de son âme, cette âme
qui vivait tout en Dieu.

Dans une de ses lettres datée d'Angleterre, elle parle d'anciennes amies qui venaient de passer à la haute Église [1] :

« A... est enthousiasmée de la vie du saint curé d'Ars; elle en parle comme bien des catholiques n'en parleraient certainement pas. O ma chérie! quelle étrange religion que cette religion protestante, si inconséquente, si vacillante, ne vivant que des rayons épars qui lui restent de l'éblouissante clarté de la beauté perdue! Plus je vois les protestants pieux et fervents, plus je suis frappée de cette soif de vérité et de cette inquiétude qui les poussent vers la vraie Église d'une façon si étonnante. »

Quoique son propre directeur et d'autres prêtres fussent tous d'accord sur la réalité de sa vocation, on décida, pour la satisfaction de la famille, que puisqu'on se trouvait en Angleterre, Éveline prendrait l'avis de Mgr Manning, aujourd'hui archevêque de Westminster.

Elle écrit à ce sujet les lignes suivantes :

« Ce matin, nous sommes parties pour nous rendre à l'église du docteur Manning, *St-Mary of the Angels* [2]. Nous comptions et espérions le voir, mais on nous a remis un petit mot de lui où il disait qu'il regrettait vivement d'avoir été obligé de sortir de bonne heure pour aller prêcher à Westminster; nous ne pourrons donc le voir que demain. La messe a été admirablement chantée, et nous avons entendu le sermon d'un jeune prêtre qui nous a dit des choses touchantes sur le Sang précieux de notre divin Sauveur et sur sa vertu incomparable.

« Et toi-même, mon ange, où étais-tu? Tu étais près de moi comme j'étais près de toi, non pas cette fois en figure, mais en

---

[1] On appelle haute Église (*high Church*) en Angleterre cette partie de l'église protestante qui cherche à se rapprocher du catholicisme, en lui empruntant ses rites et ses cérémonies, tout en reniant plusieurs de ses dogmes.

[2] Sainte-Marie des Anges.

réalité, Nous assistions au même sacrifice adorable; nos âmes étaient au pied du même trône de grâce, unies dans les mêmes prières; nos fronts se sont inclinés pour adorer le même Maître bien-aimé et recevoir la même bénédiction. O glorieuse liberté des âmes unies en Jésus-Christ! c'est en vain que les circonstances, les événements, le temps et la distance semblent les séparer! Elles s'élèvent par les ailes de l'amour au-dessus de tout cela, et se retrouvent dans le cœur de leur Maître, de leur Sauveur adoré. Oui, ma Marie chérie, quand je prie pour toi, je sais que tu pries pour moi; quand je vais à mon Sauveur pour lui demander de te donner la force et la paix afin de souffrir pour lui les peines du pèlerinage, je te rencontre faisant la même demande pour moi. Et qu'on ne me dise pas que le temps peut diminuer cette union. Oh! pour cela non. Notre Sauveur, « comme il avait aimé les siens qui étaient dans le « monde, les aima jusqu'à la fin », et il nous commanda « de « nous entr'aimer comme il nous a aimés ». Ce qui est du monde passe comme un souffle de vent; mais ce qui a ses racines dans l'amour de Dieu croît jusque dans l'éternité. »

Le lendemain, Éveline eut une entrevue avec le docteur Manning. Elle raconte que, tandis que sa mère s'entretenait seule avec lui, elle attendait dans un autre petit parloir, soumise sans réserve à la volonté de Dieu, les yeux fixés sur une copie du Jugement dernier, de Fra Angelico, représentant les anges conduisant au ciel, avec leurs couronnes de gloire, les martyrs et les saints qui sont sortis de grandes tribulations. Enfin, le docteur Manning entra, et s'asseyant, il dit : « Mon enfant, votre mère m'a parlé de vous; maintenant, c'est à vous à me parler de vous-même. »

Éveline obéit et fut remplie de respect et d'admiration pour les réponses claires et pleines de force que lui fit l'éminent prélat, et pour l'aimable sympathie qu'il daigna lui témoigner.

Elle écrivit à ce sujet : « Il me dit ce que j'attendais, et me parla avec la lucidité d'un esprit éclairé par la lumière de Dieu, et avec la charité d'un cœur brûlant de son amour. Il a tranquillement et fortement répondu à tous les obstacles qui s'opposaient à ma vocation, qu'il a reconnue venir de Dieu. »

Représentant à l'homme de Dieu quelle peine elle causerait à ses parents en se séparant d'eux, et quelle perte ce serait pour sa sœur, il lui dit : « Ma chère enfant, Jésus a toujours fait pour vous beaucoup plus que vous n'avez fait pour lui; pensez-vous qu'il ne prendra pas soin de ceux que vous avez quittés pour le suivre? Nous sommes complétement dans l'obscurité quant à l'avenir. Dieu sait ce qui est le meilleur pour nous, nous pouvons seulement faire ce qui est bien au moment présent. » Et il ajouta ces belles paroles : « Pour changer le chagrin en joie, si nous disions offrande au lieu de perte! »

Éveline termine ainsi sa lettre : « Oui, mon ange, voilà notre mot. Nous offrons à notre Sauveur bien-aimé ce que nous avons de plus précieux, les affections de nos cœurs. Nous les lui offrons imparfaites et sujettes à changer, comme tout ce que nous possédons par nous-mêmes; et il nous les rend parfaites et immuables, comme tout ce qui vient de lui. »

En la quittant, le docteur Manning promit à Éveline d'écrire quelques mots à sa sœur, pour la fortifier et la consoler. Celle-ci reçut peu de temps après la lettre que voici :

« J'apprends que votre sœur s'est décidée à faire l'épreuve de sa vocation à la vie religieuse; j'en remercie Dieu de tout cœur. Dans l'entrevue que j'ai eue avec elle à ce sujet, je n'ai pas douté un instant qu'elle ait eu raison d'agir ainsi, et, autant qu'une seule conversation peut m'autoriser à émettre mon jugement sur un point si délicat, je suis convaincu que Dieu l'a appelée à le servir sans partage en ce monde. Je ne peux m'empêcher d'exprimer l'admiration que m'inspirent la foi et la générosité de votre excellente mère. J'ai pu voir quel était son sacrifice, mais elle l'a fait avec le cœur d'un vrai disciple de Jésus-Christ; elle et vous, vous aurez votre récompense. Je sais également que, pour vous aussi, le sacrifice est grand ; mais vous êtes plus heureuse de donner votre sœur à Notre-Seigneur qu'à tout autre. Je vous regarde tous comme très-heureux, car lorsque Dieu entre dans une maison par une telle vocation, il apporte avec lui une bénédiction pour tous ceux qui y demeurent. Efforcez-vous toujours de regarder votre sœur comme marchant avec les femmes pieuses qui suivaient Jésus, de la Galilée à Jérusalem, et vous ne la sentirez pas séparée de vous, parce qu'elle sera unie à lui.

« Croyez-moi toujours très-sincèrement à vous en Notre-Seigneur Jésus-Christ.

« H. Manning. »

Quelques semaines plus tard, Éveline, entourée de ceux qu'elle aimait le plus sur la terre, se retrouvait encore une fois dans la maison paternelle, qu'elle devait bientôt quitter.

« Nous avons retrouvé notre cher vieux foyer, doux et tranquille comme toujours, écrivait-elle alors, et grand nombre de figures amies nous ont souhaité la bienvenue de tout cœur... Hier, dans l'après-midi, nous sommes allés à G..., en passant par mon vieux sanctuaire de prédilection, Notre-Dame de la Merci. Le temps était ravissant et le pays d'une beauté inexprimable. Partout tant de fraîcheur et de verdure! Les glorieuses montagnes vues à distance, dans une vapeur bleuâtre; près de nous, les paisibles vaches paissant tranquillement dans les prairies nouvellement fauchées ; puis les chers petits enfants en guenilles, accourant pour nous sourire, à demi cachés derrière les pommiers chargés de fruits, dans les petits jardins émaillés des chaumières qui bordent la route, tout cela rafraîchissait l'âme.

Oh ! que sera notre patrie du ciel, puisque notre demeure passagère est si belle ! »

Avant d'entrer dans sa nouvelle vie, elle désirait s'acquitter d'un devoir auquel elle attachait une grande importance, celui d'aider son troisième et plus jeune frère à se préparer à sa première communion. Elle raconte le bonheur qu'elle éprouva d'être présente à la cérémonie, dans une belle lettre écrite à sa tante, alors en Angleterre. Avant d'aborder ce sujet si intéressant, elle s'explique ainsi sur sa vocation :

« Ma bien-aimée H...,

« Depuis quelques semaines j'avais le désir et l'intention de vous écrire ; mais chaque heure apportant avec elle son occupation obligée, et chaque journée se trouvant ainsi remplie, il m'a fallu me contenter de vous envoyer cette pauvre petite image que vous avez reçue avec tant de bonté. Je désirais qu'elle pût vous montrer que mes pensées étaient toujours affectueusement avec vous, quoique je ne vous écrivisse pas. Cette image vous a-t-elle dit, comme c'était mon intention, ma chérie, que sous le nouveau vêtement qu'elle représente et que je ne tarderai pas de porter, mon cœur sera plus que jamais rempli d'une affection impérissable pour tous ceux auxquels il est si attaché maintenant ? Car tout ce qui est pur et éternel dans notre âme doit croître en force et en profondeur, dans le service de Dieu qui est amour.

« Ma chère H..., dans votre charmante dernière lettre à Marie, vous disiez que vous espériez encore que Dieu ne nous demanderait pas le sacrifice que nous étions sur le point de faire. Vous ajoutiez aussi que je pourrais faire beaucoup plus de bien en demeurant dans le monde et en exerçant la charité. Ma bien-aimée, où que j'aille, je ne serai jamais qu'un tout petit instrument pour le bien ; mais croyez-moi, je serais absolument sans valeur à toute autre place qu'à celle que le divin Sauveur m'a assignée. Ce n'est pas parce que je suis insensible à la beauté d'une vie chrétienne dans le monde ; — la mienne se passera, du reste, dans le monde, — ce n'est point parce que j'espère trouver plus de bonheur dans mon nouvel état, que je l'embrasse ; c'est parce que je crois que mon divin Maître m'y a appelée, et que c'est la place qu'il veut que j'occupe dans sa vaste création, moi un pauvre petit atome de créature.

« Il m'a dit où je dois travailler, et je ne suis pas libre de travailler ailleurs, sans me rendre coupable envers lui de désobéissance et d'ingratitude. Le sacrifice est grand, il est vrai, mais notre Sauveur me demande de participer à la coupe d'amertume qu'il a goûtée, à la croix douloureuse qu'il a portée pour nous sur le Calvaire. Il a pris les plus rudes angoisses pour lui-même, et, depuis lors, tous ceux qui souffrent pour lui trouvent, par sa grâce, une paix et un baume surnaturels dans tout ce qu'il lui plaît de leur faire endurer.

« Ma H..., tout se résume dans une question bien simple : Est-ce la volonté de Dieu ? Oui ; alors tout est adorable, aimable, béni. Jusqu'à quel point il en est ainsi, nous ne le saurons que lorsque, par sa miséricorde, nous aurons pénétré dans l'éternelle lumière, et quand les choses de ce monde ne seront plus rien. Mes bien-aimés parents comprennent cela, ainsi que ma douce Marie, dont le cœur ne fait qu'un avec le mien, quoiqu'elle me soit en tout bien supérieure. Nous nous attachons de plus en plus étroitement les uns aux autres, et nous sentons l'immortel élément se mêler à notre amour ; nous savons que s'il faut que nous soyons séparés pour quelque temps, nos cœurs sont profondément unis dans la même foi, la même espérance, le même amour. Notre pasteur mesure le vent à ses pauvres agneaux, et il les portera dans ses bras s'ils tombent en chemin. Ma H..., priez seulement pour que mon indignité, que Dieu sait être bien grande, ne soit pas un obstacle à sa grâce...

« Nous avons été bien occupés dernièrement pour la première communion de notre cher petit R... Il y a été préparé par le bon curé, avec la plus grande affection et le zèle le plus ardent ; et, le 2 octobre, il a reçu Notre-Seigneur pour la première fois. C'était une ravissante cérémonie, très-propre à émouvoir le cœur. R... avait l'air d'un petit ange, agenouillé devant l'autel entre papa et maman, et priant avec une ferveur au-dessus de son âge. Un grand nombre des chers habitants du village avaient quitté leurs travaux pour venir prier avec nous, et toutes les jeunes filles qui composent la classe de chant de B... sont accourues spontanément pour chanter des hymnes d'allégresse et d'actions de grâces.

« Je dois terminer ma lettre. Je ne vous dis pas, ma chérie, combien je vous aime, car vous le savez. Priez pour moi, afin que je sois fidèle, humble et forte dans l'accomplissement de la volonté de Notre-Seigneur. Je ne puis préciser le jour de mon entrée à l'hospice. Cela dépend de la supérieure générale. Mais ce doit être bientôt. Jésus, soit notre force ! Nous vous envoyons tous l'expression de notre plus tendre amour.

« Toujours votre affectueuse et aimante,

« ÉVELINE. »

Quoique remplis de sympathie et d'affection, les parents qu'Éveline avait tout récemment visités en Angleterre n'étaient pas encore réconciliés avec l'idée qu'elle allait embrasser la vie religieuse, et ils voyaient venir avec un profond chagrin le jour déjà proche qui devait la séparer de sa famille.

Son oncle, homme d'une grande piété, qui avait des tendances catholiques très-prononcées, lui écrivit sur ce sujet avec toute la chaleur d'un cœur généreux ; et c'est à cette circonstance que nous devons une des plus précieuses lettres d'Éveline, celle où elle établit, avec une force irrésistible, le véritable sens de la vocation religieuse :

« Je suis affligée de voir que vous êtes encore dans le doute au sujet du parti que je vais prendre. Grâce à Dieu, chacun de nous ici voit parfaitement clair dans cette question. Laissez-moi vous écrire en toute liberté sur cette grave affaire, non avec mon intelligence, qui est faible et incapable de discuter devant ceux qui me sont si grandement supérieurs, mais avec ma foi. J'ai la confiance que vous voudrez bien ne pas me croire présomptueuse en agissant de la sorte, car j'avoue que si telle est la volonté de Dieu, je désire ardemment que vous puissiez comprendre enfin pleinement les raisons que j'ai de considérer ma vocation à la vie religieuse comme un appel d'en haut.

« Un jour, j'en suis sûre, vous verrez en tout cela la main de Dieu aussi clairement que je la vois moi-même. Vous me pardonnerez si je dis quelque chose qui puisse en aucune façon vous causer la moindre peine. Vous savez combien je serais profondément affligée de vous attrister. J'espère que notre bon Maître, que vous aimez et que vous servez avec tant de ferveur, rendra clair ce que je ne puis expliquer que très-imparfaitement.

« J'ai lu le paragraphe de la lettre de votre ami. Je l'ai étudié mot par mot, et vous me permettrez de vous dire que, bien qu'il m'ait paru intéressant, habile et bien raisonné, je n'y ai trouvé aucun rayon de lumière surnaturelle. Maintenant, nous savons tous que, quoique la raison soit un noble don de Dieu, il y a des choses dans lesquelles elle est incapable de nous guider ; et, après nous avoir conduits au seuil de la foi, elle doit nous abandonner à elle.

« Parmi ces choses, il y a ce que nous appelons la vocation religieuse ; et c'est celle-là que je voudrais vous expliquer clairement.

« Par vie religieuse je n'entends pas la vie de foi, de piété, de prière, que tous les chrétiens sont appelés à embrasser, mais le complet renoncement à tout, et l'entière consécration de l'âme au service de Dieu. Par vocation, nous entendons l'appel, l'intérieur, le pressant, l'irrésistible appel, par lequel Dieu nous invite à cette vie. Tous n'y sont pas appelés. Le divin Maître de la vigne assigne à chacun la place où il est dans les meilleures conditions pour travailler. Chaque place choisie par lui est belle et sacrée. Dans toutes, ses enfants répandent autour d'eux la lumière de sa grâce et la chaleur de sa charité.

« Pour plusieurs, il charge les circonstances de leur vie et la direction qu'il donne à leurs pensées et à leurs sentiments de leur assigner une place. Dans le cas de vocation religieuse, l'appel est plus distinct; il vibre dans l'intime du cœur, et l'on ne doit pas y résister. Notre-Seigneur appelle qui il veut; quelquefois, comme moi, ce sont les plus indignes de le servir, mais il faut que sa volonté soit faite. Ainsi, nous croyons que la question n'est pas de savoir si cette vie est la meilleure ou la plus heureuse, ou la plus en rapport avec les goûts de la personne qui l'embrasse, mais si l'appel a été fait. S'il en est ainsi, il n'y a qu'une seule chose à faire : obéir. Il n'y a pas ici de place pour la nature : elle est vaincue et transformée par la grâce.

« Il est vrai, comme votre ami le dit, la nature humaine, et peut-être plus spécialement la nature de la femme, est changeante et sujette à varier; mais la grâce de Notre-Seigneur peut la rendre immuable et fixer sa mobilité. Il est vrai aussi que la jeunesse est la saison de l'enthousiasme et des songes abstraits; c'est peut-être pour cela que souvent Dieu choisit cet âge pour demander les plus grands sacrifices. Il est probable encore que, si nous attendions un âge plus avancé pour répondre à l'appel du Seigneur, nous ne le ferions pas alors; mais serait-ce parce que notre jugement aurait acquis plus de profondeur, et notre raison un plus grand développement, ou bien ne serait-ce pas plutôt parce que la grâce négligée, à laquelle nous n'aurions pas répondu, et le talent, que nous n'aurions pas mis à profit, nous seraient retirés par Celui qui nous les a donnés, comme devant porter des fruits pour l'éternité?

« Ainsi, je crois que la vocation à la vie religieuse est un appel qui vient de Dieu, et auquel il faut obéir sans discussion.

« C'est cette conviction qui, avec le secours de sa grâce, m'a donné la force de quitter, pour son cher amour, toutes les choses que j'aime avec le plus d'ardeur sur la terre. C'est elle qui inspire à mes bien-aimés parents la pensée de ne pas s'opposer à mes désirs, et qui donne à mon angélique sœur Marie le courage de s'unir au sacrifice qui nous arrache l'une à l'autre avec une sainte résignation et avec une abnégation admirable, et qui ne peuvent être comprises que de ceux qui en ont été témoins. Oui, c'est l'assurance que nous avons d'accomplir sa volonté qui nous fait trouver le courage, la paix, et un bonheur surnaturel dans notre participation à la coupe d'amertume et aux excessives douleurs de notre bien-aimé Sauveur. Je puis dire que, quoique accepté sans réserve, le sacrifice est bien grand; mais il n'en est aucun qui puisse l'être trop, quand Dieu le demande de nous.

« Il me tardait, après votre dernière lettre, de vous faire comprendre ce que je voulais à ce sujet, et j'espère y avoir réussi. Je n'en dirai donc pas davantage aujourd'hui. Deux phrases, parties du cœur éclairé d'un homme comme le docteur Manning, vous auraient tout expliqué avec plus de clarté que mes paroles ne pourraient le faire.

« Je ne pouvais m'empêcher de répondre aux lignes que vous nous avez envoyées (et qui ne sont pas l'expression de vos propres sentiments), en disant que je crois qu'il s'agit ici d'une question de foi et de grâce, dans laquelle le raisonnement humain, quelque sage qu'il puisse être, n'est capable de rien voir, de rien décider. Écrivez-moi bientôt et priez pour moi, car personne, autre que notre cher Maître, ne peut savoir combien je suis misérable et indigne des plus petites miettes de la grâce qui tombent de la table de ses enfants.

« J'ai honte de vous avoir écrit si longuement de moi; j'espère ne jamais recommencer, et j'ai la confiance que vous me pardonnerez d'avoir tant compté sur votre affectueuse indulgence.

« Nous jouissons, dans cette demeure bénie de notre enfance, du charme particulier et de la douce influence des jours embaumés de l'automne. Ma douce sœur et moi, nous passons bien des heures en communion intime et sainte de pensées et de sentiments, nous occupant, dans des lectures et des entretiens, de ces choses qui ne passent pas et qui unissent de plus en plus étroitement nos âmes pour l'éternité. Son exemple m'apprend à devenir meilleure et plus humble. Oh! quelle joie paisible dans la pensée que nous sommes tous entre les mains de Dieu, et que nous n'avons qu'à le suivre en aveugles dans le sentier que son amour nous a tracé! »

Quelques extraits de son journal montreront combien l'âme d'Éveline soupirait après l'état de vie auquel Dieu l'appelait :

« Seigneur, hâtez ce jour, hâtez ce jour! Que ne vous ai-je donné la fleur de ma vie! Oh! venez, mon Roi, venez me louer, afin que je travaille jusqu'à ma dernière heure à votre vigne; ne me retirez pas cette grâce. J'accepte les sacrifices : qu'il en découle un baume de consolation sur tous ceux que j'aime !

« Que suis-je pour que cette grâce immense me soit accordée? Que suis-je pour être appelée à ce glorieux honneur? Mon Roi me convie à son service; il jette les yeux sur la dernière de ses créatures, et voilà que je dis : Oui, Seigneur, je prends ma croix et je vous suis; donnez-moi votre grâce jusqu'au bout. Vous avez éclairé mon esprit, veuillez fortifier mon cœur.

« Parlez, Seigneur, oh! parlez, votre servante écoute !

« Et je vis le fleuve qu'il fallait traverser pour arriver au royaume des cieux, et ce fleuve s'appelait la Souffrance. Et je vis la barque sur laquelle tant d'âmes ont traversé ce fleuve, et cette barque s'appelait l'Amour. »

Enfin, quand vint le jour de la séparation, sublime dans son courage et sa confiance, quoique son cœur aimant fût rempli de la plus profonde émotion, Éveline s'embarqua bravement sur ces eaux agitées, se disant à elle-même : « Et maintenant, à l'œuvre, mon âme! Élevons la bannière de la Croix, et, sur la route du sacrifice, suivons notre Sauveur jusqu'à la mort! »

En quittant la maison paternelle, elle laissa pour ses chers parents ces mots de tendre adieu :

« Notre adorable Sauveur nous a fait la plus grande grâce qui puisse être accordée à des cœurs chrétiens. Il nous a donné une part à ses souffrances, afin que nous partagions sa gloire. Il a détaché nos cœurs des choses périssables et passagères de ce monde, pour les unir de plus en plus en lui par des liens éternels.

« Oui, mes bien-aimés, nous avons souffert pour lu ; personne ne peut nous enlever cette gloire; rien au monde ne peut effacer de nos fronts la marque d'élection, la croix qu'il y a tracée lui-même, ni nous enlever le trésor précieux des larmes que nous avons versées pour son amour. Si nous demeurons fidèles jusqu'à la fin, nous les retrouverons après ce court voyage, et elles nous ouvriront la porte de l'éternelle patrie où nous nous retrouverons en Dieu, pour ne nous séparer jamais.

« Mes bien-aimés, quand la voix du Sauveur s'est fait entendre à moi, la plus indigne de nous tous, et qu'il m'a appelée à l'insigne honneur auquel il m'élève aujourd'hui, des profondeurs de mon indignité, vous auriez pu vous y opposer et vous ne l'avez pas fait; avec une foi et une abnégation admirables, vous avez cru à ma vocation et vous vous êtes associés à mon sacrifice. Notre Sauveur adoré vous rendra au centuple ce que vous avez fait pour lui. C'est à son cœur divin et compatissant que je confie les êtres chéris que je quitte pour le suivre. Il fera plus pour eux que je n'aurais pu faire, malgré mon ardente tendresse. C'est lui qui a uni tous nos cœurs par une rare et ardente affection ; lui qui nous a donné la force de nous séparer *pour un temps ;* lui qui fera que, quoique éloignés les uns des autres, nous serons toujours unis de cœur et d'esprit par des liens plus forts que la mort, et un amour dont la source ne pourra jamais tarir, puisqu'elle viendra de lui.

« Mes bien-aimés, la grâce de Dieu est forte, mais nos cœurs sont faibles. Il y a des moments où l'épreuve paraît lourde à supporter et fait défaillir notre frêle nature. Il le sait bien, notre Sauveur adoré, lui qui a voulu connaître toutes nos souffrances et se charger de nos langueurs ; lui qui a pleuré au tombeau de Lazare, qui a été ému de la douleur de la veuve de Naïm, et qui s'est écrié au jardin des Oliviers, pour l'éternelle consolation de ceux qui souffrent : « Mon Père ! que ce calice s'éloigne « de moi, s'il est possible ; néanmoins que votre volonté soit « faite, et non la mienne ! »

« Oh ! c'est ce divin Sauveur qui sera notre force ; c'est son cœur qui sera notre refuge ; c'est son amour qui sera notre joie, notre lumière, notre paix. »

Et maintenant la séparation est consommée ; mais de telles scènes sont trop sacrées pour pouvoir être décrites. Quand ses parents et ses sœurs sortirent de l'hôpital, dont la porte s'était refermée sur leur bien-aimée, le même mot était dans le cœur et sur les lèvres de celle qui restait derrière cette porte au service des pauvres de Dieu, et de ceux qui versaient des larmes de tristesse et d'émotion, larmes d'envie plutôt que de regret, et ce mot était : « *Fiat !* »

CHAPITRE IV

LA POSTULANTE. — LA NOVICE.

On était en hiver, à cette époque de l'année où les matinées sont froides et sombres, lorsque quatre heures sonnant à l'hospice de X..., la nouvelle postulante quitta la dure couche où elle venait de dormir d'un sommeil plus profond que sur un lit de duvet.

Son intérieur élégant et recherché, la société d'êtres chéris, ses occupations intellectuelles et artistiques, elle venait d'échanger tout cela contre la règle d'un couvent et le simple régime d'une communauté, contre de pauvres vieillards malades, enfin, contre une série journalière de devoirs difficiles et fatigants. Ordinairement à chaque postulante est assigné un emploi particulier ; mais Éveline fut appelée à faire toute espèce d'ouvrages, même à vaquer aux soins les plus humbles du ménage.

Le postulat est un temps d'épreuve pendant lequel on se livre à ces travaux extérieurs où Marthe a plus de part que Marie, qui, à son tour, tient la plus grande place dans la vie que l'on mène ensuite au séminaire, où la novice est formée à l'esprit intérieur de l'Ordre ; et c'est après tout cela que la Sœur de charité sort bien préparée pour son œuvre dans laquelle l'action et l'amour de Marthe et de Marie doivent être désormais si étroitement unis.

Le premier office d'Éveline fut de servir dans les salles de malades, afin d'y apprendre tous les devoirs d'une bonne infirmière. Sa charité pour ceux qui souffraient, son zèle pour leurs âmes étaient si grands, que, elle qui jusqu'ici n'avait jamais connu la peine, bravait maintenant toutes les fatigues, chaque fois qu'il s'agissait de donner un soulagement corporel ou une consolation spirituelle à quelqu'une de ces pauvres créatures étendues sur leur lit de douleur. Elle n'épargnait ni ses forces ni ses soins pour leur procurer le moindre allégement et pour les aider dans leurs besoins.

La Sœur de service lui avait conseillé de commencer par l'accompagner dans ses rondes, et de ne faire que regarder, afin de s'habituer à tout ce qui répugne à la nature dans les soins qu'on donne aux malades, avant d'entreprendre de remplir elle-même ces devoirs; mais elle la surprenait souvent à côté de ces pauvres êtres souffrants, peignant leurs cheveux, et leur rendant déjà mille petits services qui ne lui étaient pas encore demandés. Éveline s'excusait en disant : « Ne dois-je pas faire ce que vous faites bien vous-même? Si ma mère ou ma sœur étaient malades, je n'aurais pas de répugnance à faire pour elles quoi que ce fût. En entrant dans la communauté, je suis devenue la fille et la sœur des malheureux, et je désire remplir les obligations que ces titres m'imposent. »

Parfois, elle était de celles qui veillaient la nuit, et son amour pour les pauvres malades était si grand, que souvent elle se glissait doucement dans leur salle pour le plaisir de les voir dormir; et, tandis qu'elle passait près d'eux, elle arrangeait l'oreiller de ceux qui ne reposaient pas, humectait leurs lèvres desséchées, rafraîchissait leur front brûlant des ardeurs de la fièvre, disant à l'un un mot affectueux d'encouragement, consolant l'autre, de sorte qu'il n'y a rien d'étonnant si tous avaient appris à l'aimer avec une telle tendresse.

La même grâce, la même douceur de manières qui lui avaient donné tant de charmes dans le monde, la rendaient maintenant l'idole des pauvres. Il était curieux de voir ces malheureuses gens guetter avec impatience le moment où ils auraient la joie d'entendre son pas léger, sa douce voix, et où ils contempleraient son brillant et radieux sourire.

Elle s'ingéniait toujours à procurer quelques petites douceurs aux vieilles femmes, et désirait vivement pouvoir leur faire plaisir. Un jour que son père vint la voir, elle lui dit : « Papa, vous ne pouvez pas vous imaginer combien nos vieilles femmes aiment une bonne prise de tabac; mais leurs tabatières sont si petites! » Cette charmante demande ne fut pas oubliée du bon père, et le jour suivant, à la grande satisfaction d'Éveline et à l'immense joie de toutes ces vieilles gens, une bonne provision de tabatières et de tabac fut apportée à l'hôpital.

Durant la dernière partie de son postulat, Éveline fut déchargée du soin des femmes, et mise à la tête de la classe des garçons. Là, elle était plus que jamais dans son élément, car, ainsi que nous l'avons déjà vu, elle aimait beaucoup à enseigner, et elle l'avait fait longtemps avec beaucoup de succès. Aussi dirigeat-elle ces enfants, au nombre de plus de quarante, avec un judicieux mélange de fermeté et de douceur.

Voici quelques lignes que sa sœur écrivit au sujet d'une visite qu'elle lui fit à cette époque : « Je la trouvai fraîche et rose, plus heureuse et plus brillante que jamais; elle est la bien-aimée de la communauté; elle anime les Sœurs par sa douce gaieté, les amuse par ses plaisanteries et ses paroles joyeuses; elle les édifie par sa sainteté, son zèle, son humilité. La classe du matin était terminée, les enfants jouaient, et leur jeune maîtresse bien-aimée était à la cuisine, coupant et distribuant les provisions pour la journée. Elle et les autres Sœurs riaient le plus gaiement du monde au milieu de leur travail; on était en récréation. Plus l'emploi qui leur est assigné est pénible et humble, plus elles sont heureuses. »

Une des Sœurs ayant remarqué la joie qui brillait sur son visage quand quelqu'un de sa famille venait la voir, lui demanda un jour ce qu'elle ferait lorsqu'on l'enverrait loin de

là, et qu'elle ne pourrait plus recevoir de visites. La postulante
demeura un instant pensive; puis elle répondit : « Je ferai le
sacrifice; je sens déjà que Dieu me le demande. » Et depuis ce
jour elle commença à réprimer cette ardeur instinctive, si
naturelle à un cœur aimant comme le sien.

Parmi ses compagnes du postulat se trouvaient deux jeunes
filles de très-modeste extraction, et l'humilité d'Éveline était si
profonde que, tout en leur étant grandement supérieure par la
naissance, l'éducation et les talents, elle se considérait comme
bien au-dessous d'elles, et était souvent toute découragée en pensant qu'elle ne les égalerait jamais en vertu. « Regardez, disait-
elle souvent, comme elles sont humbles, obéissantes; hélas!
il n'y a que moi qui ne suis bonne à rien dans le service de
Dieu. » Et cependant le témoignage de la Sœur supérieure et des
autres Sœurs qui la connaissaient atteste qu'elle était l'exemple
le plus éclatant des vertus chrétiennes, et que sa vie à l'hôpital
était une vie de charité, d'humilité, de mortification et de sacrifice. Sa figure était toujours rayonnante de joie, et ceux qui la
voyaient se disaient : « Oh! qu'elle a l'âme heureuse! Il est
évident qu'elle est là où Dieu la veut. »

Rien n'était plus vrai : Éveline accomplissait la volonté du
Seigneur. Elle s'unissait de plus en plus étroitement à son divin
Sauveur, le voyant dans chacune des pauvres créatures souf-
frantes qu'elle soignait, et l'entendant prononcer ces paroles :
« Toutes les fois que vous avez fait cela au moindre de mes frères,
c'est à moi que vous l'avez fait [1]. » C'était au pied de la croix
qu'elle prenait des leçons de courage et de patience; c'était dans
l'adorable sacrement d'Eucharistie qu'elle trouvait sa force et sa
joie.

A la fin du quatrième mois de probation, la Sœur supérieure

____

[1] Saint Matth., xxv, 40.

accompagna Éveline et plusieurs autres postulantes à Paris, pour les placer dans la maison mère de la rue du Bac, où chaque membre de la Congrégation de Saint-Vincent de Paul passe les huit premiers mois de son noviciat. On visita en chemin le lieu de naissance du saint fondateur des Sœurs de la Charité, et l'on se rendit à la ville où résidait l'évêque du diocèse, afin qu'Éveline pût recevoir sa bénédiction. Le vénérable prélat avait une affection toute paternelle pour la famille et prenait le plus vif intérêt à tout ce qui la concernait. Il en avait reçu presque tous les membres dans le sein de l'Église catholique ; il avait confirmé les fils, béni le mariage d'une des filles et baptisé ses enfants ; et, maintenant, c'était avec le sentiment d'une véritable émotion et d'une reconnaissance profonde qu'il élevait les mains pour bénir cette enfant privilégiée appelée à être l'épouse de Jésus-Christ et à travailler à la vigne du divin Maître.

Il n'y avait pas moins de cinq cents novices au séminaire (c'est ainsi que la maison mère est appelée) quand Éveline et ses compagnes y arrivèrent. Là, on enseigne aux novices tout ce qui leur est nécessaire pour s'acquitter des devoirs qu'elles auront plus tard à remplir. Elles apprennent la chimie, l'histoire naturelle, et tout ce qu'elles doivent savoir pour devenir des garde-malades capables et habiles. De plus, on les prépare par de nombreuses prières, de continuelles instructions, par des retraites, à la vie qu'elles aspirent à mener, en vraies filles de Saint-Vincent de Paul, qui n'avait rien tant à cœur que de les remplir de l'esprit d'humilité, d'obéissance, de charité et de sacrifice. La vie du séminaire est donc de la plus grande importance pour la novice. C'est alors qu'on pose les fondements qui supportent tout l'édifice, et la base solide des vertus sur lesquelles doivent être bâties les œuvres de la charité. C'est un temps de retraite qui ferme la porte aux distractions du dehors ; un temps de détachement de toutes les choses d'ici-bas ; un temps vers lequel, plus tard, les Sœurs ne peuvent jamais reporter leurs pensées sans se rappeler les impressions profondes qu'il a laissées dans leurs cœurs.

Ainsi, à cette école de l'éducation de l'âme, où ses facultés intellectuelles et morales s'exerçaient en pénétrant dans les vérités de la foi, en méditant sur les leçons que nous a données Notre-Seigneur Jésus-Christ, et qui devaient être à l'avenir la règle de sa conduite, on peut deviner combien Éveline avançait chaque jour dans la voie de la perfection, et combien elle ajoutait de nouvelles vertus à celles qu'elle avait déjà acquises.

La maîtresse des novices dit que durant son séjour au séminaire elle fut un objet constant d'édification pour toutes. Cette religieuse ajoute : « De tout mon cœur je remerciais Dieu de ce qu'il m'avait mise dans une telle intimité avec une si sainte âme. » Éveline était particulièrement remarquable par son exacte et fidèle observance de la règle, par sa foi vive, son ardent amour et son extrême dévotion envers le Saint Sacrement ; enfin, par son union habituelle et intime avec Dieu.

Les passages suivants, extraits de ses lettres écrites au séminaire, montrent que l'affection et l'intérêt qu'elle portait à sa famille n'avaient nullement diminué.

Dans une longue lettre adressée à ses parents, peu de temps après son arrivée, elle dit :

« Oui, mes bien-aimés, malgré la séparation, nos cœurs demeureront toujours unis, d'une union de plus en plus parfaite, dans le cœur de ce divin Sauveur, pour lequel il est doux de tout sacrifier, et c'est un bien grand bonheur pour moi de sentir que nous le comprenons tous. . . . .

. . . .

« Priez pour moi, mes bien-aimés, afin que je profite des grâces immenses qui pleuvent ici sur les âmes. Plus je vois et plus j'entends parler de la vie du séminaire, plus je sens que je serais bien ingrate si je n'en profitais pas pour devenir une sainte Fille de la charité, une servante dévouée des membres souffrants de Jésus-Christ.

« J'ai déjà eu le bonheur d'assister à quelques-unes des admirables instructions de ma Sœur directrice, et nous allons bientôt entrer dans la grande retraite que j'attends avec impatience. Tu me demandes mon office, ma mère chérie : je suis aux robes.

. . . .

« Veux-tu dire mille choses de ma part à chacune des bonnes Sœurs de X...? Dis à ma Sœur supérieure que je la remercie de tout mon cœur de toute sa grande bonté pour moi, et que je m'efforcerai de ne jamais oublier ses avis et ses exemples, qui m'ont fait comprendre ce que c'est que l'amour de Dieu par-dessus toutes choses. »

Elle adressa à sa mère ces mots gracieux à l'occasion de sa fête :

« Je voudrais t'offrir le plus beau et le plus frais bouquet que tu recevras ce matin, ma mère bien chérie ; mais je demanderai à notre Mère du ciel de te donner, à la place, toutes les grâces divines que tu peux souhaiter, pour toi, et pour ceux que tu aimes plus que toi-même. Prie aussi pour moi en ce beau jour, pour ta fille qui t'aime si fort ; demande pour moi l'amour de Notre-Seigneur : c'est le seul bien, l'unique bonheur, n'est-ce pas, ma bien-aimée maman? Et j'ai tant de moyens d'accroître ici ce trésor, et j'en profite si mal et si peu!... »

Elle écrit à sa sœur le même jour :

« Que demanderai-je à Dieu pour ma sœur chérie? Je crois que le plus sûr, c'est de remettre le soin de ton bonheur à son cœur paternel et divin, qui sait seul ce qui convient à chacun de ses enfants bien-aimés. Que ce cœur toujours ouvert et toujours rempli d'amour soit donc ton refuge, ton guide et ton soutien !

« Mon ange, je viens de lire un délicieux petit livre sur l'Abandon à la Providence divine, du Père Caussade; j'en ai encore du baume dans le cœur. J'ai bien pensé à toi, en le lisant, car il me semble fait pour toi. C'est ce que nous avons dit mille fois ensemble, seulement rendu clair et pratique. Il nous dit en substance de nous endormir dans les bras de cette Providence amoureuse et paternelle, comme des petits enfants sur le sein de leur mère ; puis, unissant leur volonté à celle de Dieu, de laisser voguer notre pauvre petite nacelle à travers les flots de ce monde, jusqu'au port de la patrie céleste. C'est beau, parce que c'est vrai. »

A l'occasion de l'anniversaire de leur conversion, elle écrivit à sa mère et à sa sœur les lignes suivantes :

« Je ne puis laisser passer ce beau jour du 16 juillet, qui nous rappelle tant de grâces reçues de la bonté de Dieu, sans déverser dans vos cœurs un peu du trop-plein du mien. Nous nous retrouvons, n'est-ce pas, mes chéries ? dans le cœur de Notre-Seigneur, pour lui rendre grâce toutes ensemble du bienfait immense qu'il nous a accordé en nous éclairant de la lumière de la vérité, en nous appelant à désaltérer nos âmes à la source de son amour, dans le sein de notre bien-aimée Église catholique, où, malgré les épreuves inséparables de toute joie ici-bas, nous avons goûté un bonheur que nous n'avions pas même conçu jusque-là.

« J'ai pensé et je pense bien à vous en Notre-Seigneur pendant ces jours remplis pour nous, il y a douze ans, d'émotions divines dont l'écho retentit encore dans nos cœurs.

« Mes chéries, quand je pense qu'alors, pour la première fois, nous avons connu Notre-Seigneur dans le saint tabernacle et commencé à goûter l'amour qu'il nous y montre chaque jour, il me semble que notre vie devrait être une action de grâces incessante. Il m'est doux de penser que les mêmes sentiments remplissent aussi vos cœurs, et que nous nous unissons pour le dire à notre Dieu.

« Vous, ma mère et ma sœur chéries, vous le faites bien

mieux que moi, et j'unis le faible amour de mon pauvre cœur au vôtre, afin qu'il s'élève jusqu'à lui. Que de choses se sont passées depuis ces jours si beaux, depuis cette fête de Notre-Dame du Mont-Carmel où nous sommes entrées, pour toujours, dans la sainte société des enfants de Dieu ! des choses joyeuses ou douloureuses, selon la nature, mais toutes salutaires pour nos âmes, n'est-ce pas, mes bien-aimées? Il n'est pas une larme que nous ne voudrions pas ne pas avoir versée, si nous considérons que l'amour de notre Dieu a tout disposé pour nous rapprocher de son Cœur divin. Priez pour moi, mes chéries, afin que je ne sois pas ingrate pour tant de grâces, et pour celle de ma vocation sainte qui n'est qu'un pur bienfait de sa bonté, où il n'y a rien eu de ma part. »

CHAPITRE V

LA SŒUR DE CHARITÉ.

Au mois de novembre 1863, notre novice était revêtue de l'habit de l'Ordre. Il n'y a point de cérémonie publique à cette occasion. La prise d'habit a lieu durant la retraite qui termine la vie de séminaire. Ce n'est qu'après cinq ans, à partir du jour de l'entrée au séminaire, que le noviciat est achevé. La Sœur prononce alors les saints vœux, qui sont faits seulement pour un an, et chaque année elle les renouvelle à la fête de l'Annonciation.

Après la prise d'habit, la novice, qui alors reçoit son nom de religieuse, est envoyée, pour travailler, dans quelques-unes des maisons appartenant à l'Ordre ou dans des établissements civils confiés aux soins des Sœurs de charité. Personne n'ignore les paroles si connues que saint Vincent de Paul adressait à ses filles : « Les hôpitaux seront vos monastères ; les rues des cités et les maisons des pauvres, votre cloître ; des chambres de loyer, vos cellules ; l'église paroissiale, votre chapelle ; l'obéissance, votre solitude ; la crainte de Dieu, votre grille ; une stricte et sainte modestie, votre voile. »

Éveline, maintenant Sœur Eugénie, fut remplie de joie en recevant le saint habit. Laissons-la nous peindre elle-même ses sentiments à cet égard. Voici ses propres paroles :

« Mes bien-aimés, rendez grâces avec moi et pour moi, car je vous écris à l'ombre de cette belle et chère cornette que j'ai tant désirée, et que, par un mystère de miséricorde et de bonté, Notre-Seigneur a daigné m'accorder.

« Je n'essayerai même pas de vous peindre avec quelle profonde émotion de reconnaissance j'ai reçu ce saint habit, qui doit être, jusqu'à la mort, la marque de la consécration de tout mon être au service de notre Sauveur bien-aimé. Priez pour moi, mes bien-aimés, afin que je sois un humble et docile instrument dans les mains de Dieu, et que sa grâce couvre mon indigence.

« Je pars dans une heure pour C... C'est là que Notre-Seigneur m'envoie travailler à la petite portion de sa sainte vigne qu'il veut bien me destiner. Je quitte le cher séminaire avec une humble et confiante joie, comptant uniquement sur Dieu pour tout faire en moi, mais en même temps avec un grand brisement de cœur, car j'y ai trouvé *tout*. J'y laisse une mère chérie, dont les saints conseils ne me quitteront jamais, et à qui Dieu seul peut rendre le bien immense qu'elle m'a fait. Prie pour elle, mon ange, et pour ma chère sœur B..., afin que ce tendre Père les bénisse dans son amour. Dis mille tendresses à tous. Si tu savais comme le saint habit de Sœur de la Charité ne refroidit pas le cœur, et vous fait sentir ici la vérité des paroles de l'Esprit-Saint : « Dieu est amour ! »

Aussitôt après son arrivée à C..., elle écrivit en Angleterre :

« Bien souvent j'ai été avec vous, mes bien-aimés, en pensée et en prière pendant l'année qui s'est écoulée, et je le suis encore, et même tous les jours. Jamais je n'oublierai la tendre bonté que vous avez eue pour moi, lorsque j'ai été vous dire adieu, avant de quitter le monde. Ces jours si doux, que j'ai passés dans le cher petit nid de G..., sont gravés dans mon cœur.

« Je sais que vous allez tous bien, et j'en remercie le divin Sauveur ; car quoique la souffrance soit un trésor dont nous ne connaîtrons le prix que dans l'éternité, cependant, quand Dieu nous l'épargne, il faut aussi être reconnaissant. Tous les jours, lorsque je viens me reposer à ses pieds des bien-aimés travaux qu'il m'impose, je le prie pour vous tous ; car le service de Notre-Seigneur ne fait que rendre plus profondes les affections saintes qu'il a mises dans le cœur.

« Maintenant je porte le saint habit de Sœur de Charité, que j'ai demandé à Dieu, et dont je suis si indigne. Il a plu à notre Père céleste de me donner une petite partie de son troupeau à soigner et à aimer.

« Les mois bénis que j'ai passés au séminaire, rue du Bac, se sont rapidement écoulés ; mais il n'en sera pas de même des saintes leçons que j'ai reçues, ni des admirables exemples de charité et de piété que m'ont donnés les douces Sœurs, avec lesquelles j'ai vécu dans une sainte communion.

« Ici j'ai trouvé de nouvelles bénédictions et le bonheur suprême de servir les pauvres de notre cher Maître, dans lesquels nous nous efforçons de trouver notre bien-aimé Sauveur lui-même. Nous sommes partout occupées des petits enfants, cette partie choisie de son troupeau. Nous en avons près de quatre cents, dont les plus jeunes ont deux ans, les plus âgés douze ou treize. Quelques-uns demeurent dans la maison, d'autres viennent tous les jours chercher la nourriture et l'instruction. Ils apprennent à lire, à écrire, à compter. On leur enseigne un peu de géographie et d'histoire, et par-dessus tout la parole de Dieu et cette science qui, seule, porte des fruits pour l'éternité. »

Le grand établissement de C... où fut envoyée Sœur Eugénie n'était pas un hôpital, mais ce que l'on appelle en France la *Miséricorde,* où l'on élève des indigentes et des orphelines, et où l'on distribue aux pauvres et aux malades des vêtements et des remèdes. Les Sœurs visitent ces derniers dans leurs propres maisons.

Au printemps de l'année 1864, Sœur Eugénie reçut la première visite de sa famille. A cette occasion, sa sœur Marie écrivit à un de ses oncles qui habitait l'Angleterre, et lui fit une si pittoresque description de la nouvelle demeure d'Éveline, qu'elle ne peut manquer d'intéresser vivement le lecteur :

« Je m'éveillai de bonne heure, le cœur rempli de pensées, comme vous pouvez le deviner. Le ciel était sans nuages, les rayons du soleil entraient à flots par toutes les fenêtres, et les cloches des églises sonnaient à toute volée, en souvenir du retour de Notre-Seigneur aux cieux. J'écrivis pour demander quand nous pourrions aller voir notre bien-aimée. La réponse fut qu'après une heure nous la verrions aussi longtemps qu'il nous plairait. Nous armant de patience, nous allâmes entendre la messe à la cathédrale, grande église dans laquelle nous n'avons, au reste, rien trouvé de remarquable ou d'intéressant.

« Je n'essayerai pas de vous donner la plus faible idée de notre émotion en voyant notre Éveline bénie dans ses beaux et saints vêtements, après tant de mois de séparation. Vous pouvez vous représenter la scène de notre entrevue, de nos embrassements affectueux et des larmes abondantes qui coulaient de part et d'autre. Je ne puis non plus vous donner une

idée de la radieuse beauté, de la santé, du bonheur, de la
sainteté de cette chère bien-aimée. Tout cela est bien beau à
voir et bien fait pour exciter dans nos âmes une profonde
reconnaissance.

« Ce n'est plus la timide postulante de S..., ni cette novice
quelque peu mystique du séminaire de Paris ; c'est la Sœur de
charité dans toute sa perfection et dans la plénitude de sa maturité, forte, active, ferme, ardente, pleine d'imagination et de
poésie, comme toujours ; modeste, humble, aimable et d'une
exquise sensibilité. Son intelligence, ses lumières, son expérience des hommes et des choses, ont pris un accroissement
merveilleux. Douée d'un esprit large, libéral et tolérant au
delà de tout ce que j'ai jamais rencontré, elle saisit toutes
choses avec un tact et un jugement parfaits, et il est impossible
d'imaginer une créature plus richement douée sous tous les
rapports. Avec tout cela, simple au suprême degré, joyeuse
entre les joyeuses et délicieusement spirituelle : elle est l'enfant gâté de la communauté.

« La Miséricorde se compose d'un grand bâtiment, d'une
cour ombragée et d'un délicieux jardin. Un des côtés est occupé
par une charmante chapelle ornée de vitraux peints. La maison
est admirablement tenue, et surpasse en ordre, en propreté, en
ingénieuses dispositions, tout ce que j'ai jamais vu en ce genre.

« L'assistance des pauvres est organisée sur une large échelle
et ne laisse rien à désirer. Il y a même une petite basse-cour
avec des volailles en abondance et des vaches. Les classes
occupent un autre bâtiment, avec cour ombragée où jouent les
enfants. La classe d'Éveline est charmante, pleine de lumière,
d'air et de soleil. En face de la chaire se trouve une blanche
statue de Notre-Dame au milieu de grands lys ; de chaque côté
sont placés de beaux portraits de saint Louis de Gonzague et de
Stanislas Kotska.

« Les enfants, au nombre de quarante, sont charmants, propres et bien habillés, et tous aiment passionnément Sœur Eugénie, comme vous pouvez le supposer. Un orphelinat et un asile sont attachés à cet établissement. Chaque Sœur a ses devoirs spéciaux.

« Et maintenant j'arrive au jardin, qui est magnifique, plein de cachet et d'originalité ; il y a là de si délicieux coins et recoins, de si charmants endroits écartés, des allées à l'ombre, des allées au soleil bordées de rosiers, de sombres bosquets, et tout ce qu'on peut imaginer de plus parfait en fait de fraîcheur, de solitude et de charmes en tout genre. Partout des fleurs parfumant l'air. La serre est belle, grande, et juste en face d'elle se trouve un charmant bassin rempli de poissons et entouré de plantes ; à travers tout cela, un tel souffle de paix et de bonheur !

« Nous avons passé là une après-midi que nous n'oublierons jamais, parlant de toutes sortes de choses et de tout le monde, avec notre chérie. Jamais je ne pourrai faire assez l'éloge de la Supérieure, qui est la bonté même, et qui nous donna permission pleine et entière de voir Éveline autant que nous le voudrions. C'est une personne remplie de charme et de distinction ; au reste, toutes les Sœurs sont la plupart extrêmement jeunes, bonnes et aimables, et la réception qu'elles nous ont faite nous a touchés profondément.

« Nous sommes allés tous ensemble aux vêpres, dans la belle église de Saint-Vincent, dont le sanctuaire est orné de vitraux très-remarquables et fort anciens. L'office était d'une grande beauté et très-impressionnant. La douce Éveline était agenouillée, à la tête de son petit troupeau, dans une tribune placée sur un des côtés de la chapelle : elle ressemblait à une vraie sainte. Nous la quittâmes à quatre heures pour retourner avec elle aussitôt après le dîner, et nous passâmes ensemble une délicieuse soirée dans le jardin.

« La nuit était glorieuse, le ciel tout parsemé d'étoiles, et le plus doux des rossignols chantait au-dessus de nos têtes. Ce cher petit oiseau est le favori des Sœurs, et, de son côté, il se plaît tant avec elles qu'il les suit partout, gazouillant sur leurs fenêtres à quatre heures du matin pour les réveiller, et les charmant, le soir, de ses accents mélodieux avant qu'elles aillent se coucher. On nous a dit que l'été dernier un autre rossignol vint et éleva sa voix avec une fermeté et un éclat qui semblaient un défi ; mais le premier prit le dessus, et le pauvre petit étranger se brisa la gorge et mourut. Les Sœurs ont aussi quelques hirondelles qui ont bâti leur nid tout près de la chapelle. Est-ce que tout cela ne nous rappelle pas saint François d'Assise, qui était tant aimé par tous les êtres vivants de la création ?

« Tout à coup, au milieu du silence qui régnait dans le jardin, nous fûmes surpris et ravis par le son pur de voix jeunes et pleines de vie qui chantaient une hymne à la Sainte Vierge : c'était la prière du soir des orphelines. Immédiatement après, une cloche se fit entendre à distance ; toutes les Sœurs se levèrent, et, après nous avoir souhaité une bonne nuit, elles dirigèrent leurs pas vers la chapelle pour leurs dévotions du soir. »

« 6 mai.

« Aujourd'hui, vendredi, nous avons passé une partie de la matinée, dans le jardin de la Miséricorde, à travailler et à causer avec notre bien-aimée et les bonnes Sœurs, jusqu'à la fin de la récréation ; puis, à quatre heures, la Supérieure et Éveline vinrent nous chercher à l'hôtel, et nous fîmes une délicieuse promenade. On nous mena à la vieille ville, appelée la Cité, endroit merveilleux et digne à lui seul d'un pèlerinage.

« La citadelle et le vieux château, flanqués de tours massives et entourés de remparts gigantesques, sont curieux et intéressants au delà de toute expression. Noircis par le temps, ils semblent menacer encore la plaine qui s'étend au-dessous, comme ils le faisaient dans les siècles passés, quand ils avaient tant de siéges et d'assauts à soutenir. Nous vîmes la tour où Roger, vicomte de Béziers, fut empoisonné, et le cachot et les oubliettes où les malheureux prisonniers étaient mis à mort dans ces temps de ténèbres. La vue de dessus les remparts est magnifique : d'un côté l'on aperçoit les Pyrénées, de l'autre les Cévennes ; mais le joyau de l'endroit est l'église de Saint-Nazaire, dont l'architecture gothique est du meilleur style. Puis quelles admirables statues et quelles belles sculptures antiques, et par-dessus tout quels vitraux ! Tout cela est d'une merveilleuse beauté. Un des plus anciens et des plus beaux vitraux, derrière le maître-autel, représente l'histoire complète de l'Ancien et du Nouveau Testament, commençant à Adam et Ève dans le paradis terrestre, et finissant avec Notre-Seigneur sur la croix.

« Vos noms étaient hier sur toutes nos lèvres. A chaque endroit pittoresque, à chaque statue, à chaque fontaine, nous nous écriions : « Oh ! si T... et H... étaient ici, quels croquis « ils feraient de ceci, de cela ! »

Cette visite que Sœur Eugénie reçut des siens, ainsi que toutes celles qui la suivirent, fut comme un songe brillant qui laissa leurs cœurs pleins de reconnaissance, et qui les consola en leur montrant combien heureuse et utile était leur *petite sainte,* comme ils aimaient à l'appeler. Le souvenir de ces heureux moments ne s'effacera jamais de leur mémoire.

Toutes les fois qu'ils la virent, elle leur sembla plus radieuse, plus affectueuse, plus sainte. D'autres amis qui la visitèrent la trouvèrent enrichie de nouvelles grâces, si joyeuse et en même temps si calme, qu'elle semblait tout à fait chez elle, au service de son divin Maître. Elle mûrissait vite pour le Ciel, et le reste de sa courte vie sur la terre se passait dans l'exercice constant de toutes les vertus.

Il ne faudrait pas conclure du brillant récit fait par sa sœur sur la maison de la Miséricorde, que la vie des Sœurs de charité soit toute de repos et de sénérité. De quatre heures du matin à neuf heures du soir, elles sont continuellement occupées par les devoirs de leurs charges respectives et par leurs propres exercices de dévotion. Ces pieux exercices, ainsi que leurs récréations, elles sont quelquefois obligées de les interrompre ou même de les sacrifier entièrement, en cas de grave nécessité. Animées d'un véritable esprit de renoncement, elles font consister leur plaisir et leur joie à consacrer tout leur temps et toutes leurs forces au service des pauvres malades.

Après plusieurs mois de durs labeurs (car outre sa classe d'enfants, Sœur Eugénie en avait une autre pour les jeunes filles), elle fut envoyée prendre de courtes vacances d'automne dans une maison appartenant à la Congrégation, charmante solitude au milieu des montagnes.

Le village, fort pittoresque, est couronné par un antique château féodal qui dans les siècles passés avait eu la gloire de posséder jusqu'à dix-sept tours crénelées. Plus d'une sombre tragédie avait été jouée dans l'intérieur de ses murs, qui maintenant tombaient en ruine, et la famille seigneuriale dont il portait le nom est éteinte depuis longtemps. La maison occupée par les Sœurs appartenait jadis à une noble et sainte dame qui était la providence de ce petit village. Cette dame, sur son lit de mort, l'ayant léguée avec tout ce qu'elle possédait aux Filles de Saint-Vincent de Paul, c'est là que ces femmes si humbles et si dévouées remplissent leur mission avec leur zèle et leur abnégation ordinaires. Dans les chambres vastes et spacieuses de cette habitation; dans les meubles fanés, vermoulus, mais encore beaux; dans les tableaux noircis par le temps, on voit encore les traces d'une grandeur évanouie. Le seul trésor qui se trouve maintenant dans cette antique et solitaire demeure est une chapelle ornée avec simplicité, où Notre-Seigneur réside au milieu de ses pauvres et fidèles servantes.

C'est ainsi que l'œuvre de miséricorde et les intentions de saint Vincent de Paul s'exécutent et s'accomplissent partout de la même manière, dans les villages les plus retirés et les plus tranquilles aussi bien que dans les villes les plus populeuses.

Peu de temps après le retour de Sœur Eugénie à C..., la Sœur supérieure, qui veillait sur ses filles spirituelles avec une tendresse de mère, changea son office contre la visite des pauvres malades, afin qu'elle eût plus d'air et plus d'exercice, et pour que sa poitrine, très-fatiguée par l'enseignement, pût se remettre. Ce fut un grand malheur pour les enfants de perdre leur jeune maîtresse, à laquelle ils étaient profondément attachés. Comme elle désirait avant tout inculquer dans leur cœur l'amour de Dieu, son enseignement avait sur eux la plus heureuse influence.

Dans son humilité, Sœur Eugénie se croyait tout à fait indigne de remplir un poste aussi important que celui qui venait de lui être assigné; mais elle ne se décourageait pas, et plaçant toute sa confiance en Dieu, elle disait : « Il y mettra l'ordre. »

Elle commença donc à se livrer à son nouveau travail avec le zèle et l'ardeur que tout le monde lui connaît, et l'on vit aussitôt les pauvres l'aimer et la vénérer comme une mère. Elle déploya durant l'hiver une infatigable énergie; elle eut sous les yeux la plus affligeante misère; et ce qui lui fut plus pénible encore, elle fut témoin d'une bien grande perversité et de bien coupables désordres.

Le printemps de l'année 1865 fut, on peut se le rappeler, extraordinairement froid. Mais Éveline ne pensait jamais à elle-même. Il s'agissait de sauver des âmes, d'adoucir des souffrances; et partout où il y avait des malades et des indigents, on était sûr de la trouver, gravissant cinq ou six étages pour monter dans les misérables mansardes, ou pénétrant dans les cours et les allées humides qui abondent au sein de la ville, sans faire la moindre attention à la neige qui l'aveuglait, à la pluie qui l'inondait, complétement indifférente au froid rigide qui la faisait si cruellement souffrir. Quand elle rentrait, engourdie, glacée, trempée jusqu'aux os, excédée de fatigue, elle était prête à accomplir ses autres devoirs avec tout l'entrain possible; et ce n'était jamais que pour obéir à la Supérieure qu'elle consentait à se chauffer et à changer de vêtements.

Son zèle certainement dépassait quelque peu les bornes de la prudence; mais elle était remplie de l'esprit de saint Vincent de Paul, qui disait : « N'épargnez pas vos corps en servant Dieu, dans la personne de ses membres pauvres. » Le bien qu'elle faisait était immense; mais elle allait au delà de ses forces, et un rhume qu'elle gagna en s'exposant ainsi au mauvais temps amena bientôt des symptômes alarmants. Le mal prit de telles proportions durant l'automne, qu'elle devint sérieusement indisposée. Elle fut obligée d'abandonner la visite des pauvres, et devint pour quelque temps incapable d'aucun travail.

Vers les fêtes de Pâques de cette même année, une des Sœurs qui avait été au séminaire et avait pris l'habit en même temps que Sœur Eugénie, fut enlevée à ses compagnes par la mort, qu'elle vit approcher avec un courage édifiant et une parfaite sérénité, la regardant comme le commencement de la véritable vie dans la patrie céleste. Plusieurs lettres d'Éveline écrites à sa sœur contiennent de beaux et intéressants détails sur la maladie et la mort de cette religieuse :

« Notre angélique Sœur Émilie est de plus en plus malade et aspire au ciel avec ardeur. Sa résignation s'épanouit en désir. Notre-Seigneur la purifie avec amour; ses souffrances physiques sont grandes, cruelles et incessantes, mais son âme est dans la paix et le bonheur. Notre chère Sœur supérieure la soigne avec une tendresse maternelle. Quand je la vois auprès d'elle, je suis attendrie jusqu'aux larmes.

« On va lui accorder une grâce immense; elle va atteindre, à vingt ans, et après un an de vocation, le but de tous nos désirs, de notre attente impatiente et de nos prières de tous les jours : elle va prononcer les saints vœux lundi prochain ! O sœur bien-aimée, juge un peu de son bonheur ! Son lit de douleur sera changé en un ciel d'allégresse et de paix, et les paroles manquent pour l'exprimer. Qu'elle avait raison de me dire ce soir avec un sourire céleste : « Oh ! que Notre-Seigneur « me prenne ce jour-là ! que je serais heureuse ! Oh ! non, je ne « désire pas guérir ! » Bien souvent, elle dit au médecin, qui tâche de lui donner de l'espoir : « Oh ! monsieur, ne me dites « pas cela, je ne veux pas guérir. »

« Une fois, après une crise violente qui avait duré seize heures, elle me demanda si je l'avais entendue proférer quelque plainte, durant la nuit qui venait de s'écouler : « Ne crai- « gnez pas de me raconter tout, me disait-elle, car je souffrais « tant que je ne savais plus ce que je disais. » Quand nous l'eûmes assurée qu'elle n'avait prononcé aucune parole de murmure, elle sembla tout heureuse. Oh ! combien il est beau de contempler, dans cette patience si chrétienne, le pouvoir de la grâce et de l'amour de Dieu ! »

Un peu plus tard, Éveline écrivit ces lignes :

« Notre très-chère sœur Émilie est toujours dans le même

état de souffrance, augmentant tous les jours sa couronne pour le ciel. Elle a eu l'immense bonheur de faire les saints vœux. Ce jour-là, la joie céleste paraissait avoir banni la souffrance ; sa figure transparente laissait voir son âme pure et sainte. Nous avons entouré son lit de fleurs : et, sur un autel couvert de lys, la Sainte Vierge (celle que tu m'as donnée) semblait lui montrer la croix et lui promettre de la recevoir bientôt dans ses bras pour l'éternité. Toute la journée, un rayon du ciel brillait sur sa figure angélique. Elle aurait désiré mourir en ce beau jour, mais Notre-Seigneur a voulu encore prolonger son exil.

« Quelques jours après, elle a reçu l'extrême-onction avec un calme parfait ; nous étions toutes agenouillées autour d'elle. Jamais je n'oublierai le mouvement plein d'abandon et de ferveur avec lequel elle a étendu ses deux mains pour recevoir l'huile sainte. Je me suis redit, dans le cœur, ces paroles de saint Paul : « O mort ! où est ton aiguillon ? La mort a été « ensevelie dans la victoire. »

Dans la lettre suivante, elle fait le récit de la mort de Sœur Émilie :

« **Lundi de Pâques 1865.**

« Tu me demandes des détails sur la mort (je dirai plus volontiers la délivrance) de notre chère Sœur Émilie. Elle nous a quittées, pour entrer dans la patrie, le jour de la fête de saint Thomas d'Aquin. Comme ce grand docteur, elle avait la science du ciel ; et, comme lui, elle eût répondu quand Notre-Seigneur lui disait : Tu as bien parlé de moi, Thomas, que veux-tu pour récompense ? — Vous seul, Seigneur !

« Les huit jours qui ont précédé sa mort ont été une longue et terrible agonie pour la nature, mais la paix et le calme de son âme n'ont pas été altérés un instant. Le matin du jour où elle nous a quittés, elle a eu un moment de bien comme un rayon

du ciel. Elle a fait la sainte communion avec une grande sérénité, et nous a parlé à toutes avec un doux sourire. Elle a
remercié notre très-chère mère, qui a vraiment été la sienne,
des soins qu'elle avait pour elle ; et comme une des Sœurs lui
disait : « Vous êtes bien mal, ma Sœur Émilie », elle a répondu : « Oui, ma Sœur ; mais plus on est mal sur la terre,
« plus on est bien dans le ciel. » Elle a baisé avec amour l'image
du Sauveur crucifié, et a tenu dans ses mains le cierge allumé,
emblème de l'amour qu'elle lui a toujours porté jusqu'au
dernier moment.

« Nous étions à genoux autour de son lit, attendant un dernier soupir, car l'éclair de bien qui précède généralement la
mort a été de courte durée. Notre-Seigneur lui a épargné la
violente crise que nous redoutions, et le dernier moment a été
calme.

« Notre aumônier, qui l'avait assistée avec une charité constante pendant sa maladie, a répandu une fois de plus le sang
de notre Sauveur sur son âme, tant de fois purifiée, par une
absolution suprême. Ses yeux se sont tournés vers le ciel, elle
a élevé légèrement les deux mains, comme une colombe qui
prend son vol, et a cessé de respirer, de lutter et de souffrir !

« Mon âme a fait un effort pour la suivre, mais la porte du
Ciel, un instant entr'ouverte, s'est refermée aussitôt et nous a
laissées dans l'exil encore pour un peu de temps.

« Nous l'avons revêtue du saint habit qu'elle avait porté avec
tant de respect et d'amour ; nous avons mis sur l'autel, à côté
de son lit, deux camélias, un rouge et un blanc, emblèmes de
l'innocence et de la charité, au milieu des cierges allumés. Le
lendemain, nous avons accompagné sa chaste dépouille à sa
demeure provisoire en attendant la résurrection. Sa bière était
couverte de lys, et son chapelet y était posé sous une couronne
blanche. Oubliant toute pensée de la terre, nous nous sommes

réjouies de son bonheur, et nous avons recommencé à travailler, en attendant que ce jour bienheureux de la délivrance
vienne aussi pour nous. »

Infatigable dans les travaux que la charité lui faisait entreprendre, et mettant toute son âme et tout son cœur dans l'accomplissement des devoirs pénibles de sa position, Sœur Eugénie
trouvait encore le moyen de s'intéresser très-vivement non-
seulement à ce qui touchait sa famille, mais encore à ce qui
pouvait concerner ceux qu'elle avait connus dans le monde;
elle se montrait fort sensible à leurs peines, à leurs joies et à
leurs progrès spirituels. Plusieurs lettres qui ont été conservées
le prouvent d'une manière évidente. En voici une qu'elle adresse
à une amie dont nous avons déjà parlé, et qui, après être
passée à la Haute-Église, avait eu le bonheur de recevoir la
lumière de Dieu et d'entrer avec sa mère dans le bercail du
Sauveur :

« J. M. J. Lundi de Pentecôte 1865.

« MA TRÈS-CHÈRE A...,

« C'est le cœur débordant de reconnaissance et de bonheur
que je viens prendre part aux émotions qui remplissent le vôtre
et celui de votre chère mère.

« Oui, ma sœur bien-aimée en Jésus-Christ, je vous félicite
d'avoir trouvé la perle de grand prix, le trésor ineffable de
vérité et de lumière après lequel votre cœur soupirait depuis
longtemps. Que Dieu soit mille fois béni de cette grâce immense !
J'ai moi-même éprouvé cette soif de la vérité, ce pressentiment
d'une lumière plus complète qui fait que l'âme ne trouve plus
de repos jusqu'à ce qu'elle y soit parvenue. Aussi, quoique
éloignée de vous, je vous suis pas à pas depuis longtemps; mon
cœur vous a accompagnée dans toutes vos luttes avec des

prières ardentes et journalières, et j'ai ressenti le contre-coup de vos souffrances, jusqu'au fond de mon âme.

« Quoique j'eusse une trop grande expérience de l'amour tout-puissant de Notre-Seigneur, pour me permettre de douter un instant de l'heureuse issue de ce douloureux combat, j'ai ressenti une joie inexprimable en apprenant que sa grâce avait triomphé, et que vous étiez, pour jamais, en paix et en sûreté dans le sein de l'Église catholique, notre mère bien-aimée. Oh ! avec quelle brûlante effusion de cœur je me suis jetée au pied du Tabernacle, pour vous accueillir en sa présence comme mes sœurs bien-aimées !

« J'ai vu dans mon cœur les trésors que vous alliez posséder, que vous possédiez déjà, la voie nouvelle, le large horizon qui s'étendait devant vous, jusqu'aux rivages de l'éternité ; et toutes les petites choses de cette vie passagère m'ont semblé plus viles et plus méprisables que jamais. Je vous salue donc bienheureuse, parce que vous avez l'unique nécessaire, parce que vous possédez l'Eucharistie, c'est-à-dire le bien qui surpasse tous les biens, après lequel l'âme ne peut plus goûter ou désirer que le Ciel.

« Certainement, ma bien chère A..., la vie du chrétien ne se passe point sans combats ; la lutte et la souffrance sont le lot journalier de l'âme exilée sur la terre ; ce sont les ronces et les épines que produit en abondance le sol du désert qui nous sépare de la patrie. Mais pour le catholique qui possède l'Eucharistie, qui connaît le secret du Tabernacle, ces souffrances et ces combats perdent leur amertume ; il puise dans l'amour de Dieu la force de les supporter ; que dis-je ? de les aimer, de les désirer comme un moyen de témoigner sa reconnaissance pour l'incompréhensible bienfait de son Sauveur.

« Ce n'est pas à moi, pauvre servante inutile et ingrate, de parler de ces choses divines ; mais mon cœur déborde de reconnaissance, et je ne puis en contenir l'expression.

« Le saint jour de la Pentecôte, je me sentais intimement unie à vous dans l'unité de la sainte Église catholique sur laquelle l'Esprit divin répandait l'abondance de ses dons; il me semblait vous rencontrer et vous donner le baiser de paix.

« Et maintenant, laissez-moi vous supplier de prier pour moi, de remercier le divin Sauveur de la grâce qu'il m'a faite, en me retirant du fumier de ma misère, pour m'élever à l'honneur de son service. Priez aussi pour nos petits enfants, nos pauvres, nos orphelines, pour mes chères sœurs, afin que Notre-Seigneur nous donne les grâces nécessaires pour leur faire du bien.

« Que Notre-Seigneur et sa bien-aimée Mère, qu'il nous a donnée sur la croix pour être la nôtre, nous bénisse de plus en plus!

« Au revoir, et à Dieu seul, ma bien chère A...; méprisons tout ce qui passe, vivons pour aimer et faire aimer notre Dieu.

« Je vous embrasse, vous et votre bien chère mère, de toute l'effusion de mon cœur qui vous est tout dévoué en son saint amour.

« Sœur Eugénie,

« Fille de la Charité. »

La lettre suivante fut adressée dans le même temps à une enfant qui était sa proche parente, et qui devait bientôt faire sa première communion.

« J. M. J. Miséricorde de ***.

« Ma bien chère petite M...,

« Mon cœur est trop rempli de toi, à l'approche du grand jour de ta première communion, pour qu'il me soit possible de ne pas t'exprimer quelque chose de ce qu'il ressent. S'il m'était permis d'avoir un désir autre que celui d'accomplir la volonté de Dieu, je n'en aurais pas de plus grand en ce moment, mon enfant chérie, que d'être à côté de toi à la Table sainte, le glorieux jour de l'Ascension de Notre-Seigneur.

« Mais quoique séparées par des centaines de lieues, nous serons ensemble, n'est-ce pas, dans le cœur de ce Dieu d'amour? Tu le prieras pour moi, afin que je réponde à la grâce inexprimable qu'il m'a accordée en m'appelant à son service; et moi, malgré mon indignité, je me jetterai à ses pieds pour toi. Je lui demanderai de toute mon âme de prendre, en ce jour, une possession si entière de ton cœur, que rien ne puisse jamais l'éloigner de Lui pendant un seul instant. Tu comprends déjà, mon enfant chérie, que le bonheur dont Dieu a mis le besoin dans tous nos cœurs ne se trouve qu'en Lui. Tu le comprendras bien mieux encore lorsque tu posséderas Notre-Seigneur dans ton cœur. Quel trésor, quel ami, ma petite M..., le doux Jésus, Notre-Seigneur bien-aimé! Si nous le savions au bout du monde, dans un lieu éloigné, nous volerions pour nous prosterner à ses pieds; nous nous estimerions trop heureux de recevoir un regard de ses yeux, d'entendre une parole de sa bouche divine; et voilà que, dépassant dans son immense amour les plus grandes espérances que nous eussions jamais osé former, il vient à nous et pénètre dans notre cœur pour être tout à nous pour l'éternité. . . . .

« Que pourrais-je te dire, ma petite M..., après tout ce que tu as entendu pendant les instructions auxquelles le bon Dieu t'a fait la grâce d'assister, moi qui ai tout à apprendre! Et pourtant, je sens le besoin de te suggérer une pensée qui m'a été profondément inculquée à moi-même : c'est, pendant toute ta vie, de ne voir en Notre-Seigneur qu'un Dieu d'amour, un père, un ami; de ne le craindre que parce que tu l'aimes; de

te confier à lui sans limites; de lui parler comme tu parles à
ton père dans toutes les circonstances de ta vie. C'est ainsi
qu'on apprend à le connaître, tel qu'il est; et lorsqu'on le connaît, on l'aime; et, à côté de lui, tout ce que le monde estime
nous semble un peu de poussière; et nous possédons dans le
fond du cœur une source de paix que rien ne peut altérer.

« Je t'envoie, ma bien chère petite M..., un reliquaire qui a
appartenu à notre chère Sœur Émilie, dont tu as entendu parler
par ma sœur Marie. J'ai pensé qu'il te serait précieux.

« Au revoir, ma douce enfant; que la bénédiction de Dieu
soit sur toi toujours. C'est ce que je demande pour toi à notre
bien-aimée Mère du ciel. . . . .

. . . .

« Reçois, mon enfant chérie, les vœux et l'affection profonde en Notre-Seigneur de ta très-affectionnée et très-indigne

« Sœur Eugénie,
« Fille de la Charité. »

Une année se passa, et Sœur Eugénie retrouva peu à peu ses
forces. Elle traversa l'hiver sans donner à appréhender le retour
de cette maladie qu'elle avait supportée avec la plus admirable
résignation et une entière soumission à la volonté de Dieu,
étant prête à accepter avec une joyeuse indifférence tout ce
qu'il plairait à sa bonté de lui envoyer. Elle paraissait avoir
recouvré sa santé ordinaire, et elle était maintenant chargée du
soin des orphelines. Son zèle et son dévouement devinrent
plus grands, s'il est possible, et rien ne put surpasser le tendre
amour, la sollicitude maternelle avec lesquels elle veilla sur
tous ces petits enfants.

« Il est inutile, écrit-elle, de vous dire à quel point nous
aimons ces chères enfants, au milieu desquelles il a plu à notre
divin Sauveur de fixer notre sort. Prêtes à les quitter pour

toujours, si le Père de famille nous appelait à travailler dans une autre partie de sa vigne, tout notre être leur appartient, tandis qu'il nous veut au milieu d'elles; et notre soif ardente est de gagner toutes leurs âmes pour les donner à Jésus-Christ. Priez pour nous, mes bien-aimées, afin que nous nous acquittions en fidèles pasteurs de notre redoutable mission, et que pas un seul de ces doux agneaux ne se perde ou ne laisse le moindre flocon de sa blanche toison après les épines du chemin. Oh! plutôt que nous en soyons nous-mêmes blessées et ensanglantées pour les défendre! Demandez pour nous l'esprit de sacrifice et de renoncement, et la fidèle imitation du divin Modèle. »

Souvent elle versait des larmes, quand la conduite des enfants n'était pas telle qu'elle l'aurait désirée, craignant que leurs fautes n'eussent été causées par quelque négligence de sa part. Lorsque ces petites filles s'étaient rendues coupables de quelque manquement grave, elle les réunissait toutes ensemble, leur disait de se mettre à genoux, et faisait elle-même un acte de contrition qui leur arrachait toujours des larmes. Son zèle redoublait à l'époque de la première communion, et elle travaillait sans relâche à rendre leurs âmes dignes de la visite du Roi des cieux. Prières, mortifications, instructions, rien n'était épargné afin de leur obtenir cette grâce.

La dernière fois qu'elle s'occupa de ce travail de préparation, la Sœur supérieure, la voyant souffrante, exprima la crainte qu'elle ne se fatiguât trop. « Oh! non, ma Sœur, répondit-elle, malgré sa parfaite obéissance, je ne puis prendre de repos tant que la première communion n'aura pas eu lieu; pensez donc que ces enfants pourraient ne pas être parfaitement disposées, si j'omettais le moindre de mes devoirs à leur égard. »

Écrivant à une jeune fille qui avait quitté l'orphelinat, elle disait : « Si vous voulez être grande aux yeux de Dieu, faites-vous très-petite. Vivez unie à Dieu, ne cherchez que lui, travaillez pour lui seul; ne pensez uniquement qu'à lui plaire, et toute chose vous sera donnée par surcroît. Avant tout, faites de l'adorable communion votre plus précieux trésor, le soutien et l'aliment de votre vie. »

Elle écrivit la lettre suivante à une autre jeune fille qui avait aussi passé par l'orphelinat, et dans l'âme de laquelle la vocation religieuse commençait à se développer. La jeune personne est maintenant postulante.

. M. J. Miséricorde de C***,
2 juin 1866.

« Ma bien chère enfant,

« Votre lettre nous a rendues heureuses, parce que nous y avons vu des preuves nouvelles de votre sincère désir de profiter des grâces du divin Maître et des bons soins qui vous entourent. Je me suis réjouie avec et pour vous, chère enfant, de la sainte préparation que vous avez été à même de faire pour la grande fête de la Pentecôte, et j'ai la douce confiance que, en ce jour si précieux à la foi, vous avez reçu un surcroît de grâce, de force, de sagesse et de lumière qui a de plus en plus fixé votre cœur et affermi votre marche dans cette voie bénie où Dieu vous a appelée à le suivre.

« Cette époque de l'année est riche en témoignages de l'amour de notre Dieu, et je ne puis surtout laisser passer cette octave, chère entre toutes à nos cœurs, sans causer un peu avec vous. Fixons nos cœurs au pied du Tabernacle, ma chère enfant, auprès de notre unique et inépuisable trésor; et si la volonté même de notre Dieu nous appelle à travailler pour lui ailleurs qu'en ce lieu béni, que nos pensées, nos affections, nos prières ne le quittent point. Nous l'avons dit souvent, nous ne saurions que le redire encore : tout est là; tout ce que nous pouvons aimer,

6

désirer, posséder ici-bas. J'ai vivement partagé les émotions de votre cœur la veille de la Sainte-Trinité, ma très-chère enfant, et, comme vous le souhaitiez, nous avons bien prié pour votre frère, afin qu'il soit un prêtre selon le cœur de Dieu. C'est une des prières les plus agréables au Cœur du divin Maître, qui lui-même nous a dit de demander à son Père qu'il envoie des ouvriers dans sa moisson, et pour vous ce devoir est double-ment sacré.

« Vous savez, chère enfant, que nous sommes sorties de retraite jeudi soir. La clôture de ce temps précieux a été très-touchante ; toutes les circonstances semblaient s'unir pour en augmenter la solennité : la clôture du beau mois de Marie, la réception de cinq enfants de Marie et de cinq aspirantes, et, par-dessus tout, la fête du Très-Saint Sacrement. M. le Supé-rieur a fait un touchant discours sur l'humilité de la Sainte Vierge, et je ne saurais vous dire combien nous avons été touchées de cette belle cérémonie. Notre retraite nous a laissé de bien bons souvenirs, et j'espère qu'elle a déposé dans tous les cœurs de profondes semences de piété. Je vous ai regrettée pendant ces jours de paix et de bonheur ; mais je sais qu'à R.... vous ne manquez de rien. Dans votre prochaine lettre, dites-nous si vous faites du progrès dans l'ouvrage.

« Adieu, ma très-chère enfant, soyez de plus en plus fidèle à tout ce que Notre-Seigneur demande de vous ; souvenez-vous toujours qu'il vous a appelée à le servir d'une manière très-par-faite, et appliquez-vous à nous en rendre digne. Ma Sœur Vincent vous envoie un souvenir affectueux, et notre bonne mère vous recommande de bien profiter de tous les moments et d'être bien sage. Pour moi, chère enfant, je vous confie au Cœur sacré de Jésus, en l'amour duquel je suis

« Votre affectionnée

« Sœur EUGÉNIE. »

Elle essayait en toute occasion d'élever les pensées des enfants vers les choses célestes, et de les porter à n'avoir en vue, même dans les moindres choses, que le bon plaisir de Dieu.

« Lorsque vous montez les escaliers, leur disait-elle quelquefois, priez Dieu afin qu'il vous fasse la grâce de vous élever chaque jour de vertu en vertu ; et quand vous les descendez, pensez que vous devez vous humilier devant Dieu. »

Sœur Eugénie raconte dans une lettre cette petite anecdote au sujet de ses orphelines :

« Il faut que je te dise un grand bonheur que nous avons eu il y a quelques jours : c'est la visite d'un saint missionnaire qui travaille depuis de longues années parmi les tribus indiennes de l'Orégon. J'ai remercié Dieu de cette courte apparition comme d'une grande grâce; j'aurais beaucoup donné pour que vous le vissiez. Il nous a toutes impressionnées vivement par sa simplicité, sa charité tout apostolique, et son fervent désir de ramener les âmes à Dieu. Je ne saurais te rendre le charme de sa conversation; il parle l'anglais, l'espagnol et l'italien; je n'ai pu juger que de l'anglais, qu'il parle comme sa propre langue. Il nous a raconté les traits les plus émouvants de ses chers Indiens, dont la nature énergique et passionnée, féroce lorsqu'elle est livrée à elle-même, devient capable de la plus héroïque vertu lorsqu'elle est cultivée et fécondée par le christianisme. Leur reconnaissance est délicate et sublime, et l'inaltérable pureté de leurs mœurs peut faire rougir les peuples civilisés. Ce qu'il y a de plus touchant, c'est que nos chères petites orphelines ont été si frappées des beaux récits du saint missionnaire, qu'elles ont fait spontanément le sacrifice de toutes leurs médailles et de toutes leurs images (un vrai trésor pour elles), et, les ayant réunies, elles les lui ont offertes pour les pauvres Indiens. »

Elle aimait à unir les prières des enfants aux siennes, pour ceux qui lui étaient chers et qui se trouvaient dans l'affliction, comme on le verra par une lettre à un de ses parents profondément affecté de la perte d'un enfant :

« MON CHER,

« La grâce de Notre-Seigneur soit avec nous !

« J'ai appris avec une vive émotion le malheur dont le divin Maître vient de vous frapper... Ce coup imprévu et accablant, tout en m'affligeant le cœur, ne m'a pas surprise, parce que je vois depuis longtemps que le pain qui doit nourrir les élus, sur la terre d'exil, est un pain détrempé de larmes, et que le divin Sauveur dit encore à ceux qui lui demandent une place près de son cœur, et élevée en son amour : « Pouvez-vous boire le « calice que je boirai, et être baptisés du baptême dont je suis « baptisé? »

« Heureux donc et mille fois heureux ceux qui, après avoir passé par la grande tribulation de la vie mortelle, et avoir blanchi leurs robes dans le sang de l'Agneau, s'envolent sur les ailes de la foi et de l'amour vers les rivages de la céleste patrie !

« Pour nous, mon bien cher, pèlerins combattants, oh ! ne perdons pas le courage, si parfois il semble que nous succombons sous le poids du jour et de la chaleur. Oh ! c'est alors que notre adorable Sauveur est plus près de nous. C'est alors que son bras puissant est sur le point de nous porter plus haut dans son saint amour.

« Que puis-je faire en ce moment douloureux ? Je n'ai d'autre ressource que de joindre les petites mains innocentes des bien-aimées enfants auxquelles je consacre ma vie, et leur dire d'obtenir du Ciel pour vous la force et la consolation. Je le ferai, mon bien-aimé, je vous le promets, et j'y trouverai moi-même un supplément à ma misère et à ma faiblesse.

« A Dieu, et courage. Bientôt nous respirerons le parfum des collines éternelles, et nos yeux, usés par les larmes, se rafraîchiront de la douce vue de la bonté de notre Dieu. Nous oublierons alors la poussière du chemin et les orages, qui n'auront courbé notre front vers la terre que pour le forcer à se lever ensuite, avec plus de confiance, vers les cieux... »

Tandis que nous nous étendons sur l'activité extérieure de la vie de charité et de sacrifice que menait Sœur Eugénie, nous ne devons pas perdre de vue la vie intérieure, beaucoup plus belle encore, et les progrès spirituels de cette pure et sainte Religieuse. Ici, hélas! nous ne pouvons qu'entrevoir les reflets de cette vie cachée en Dieu avec Jésus-Christ, de ce travail surnaturel de la grâce qui sanctifiait rapidement son âme et la préparait à la lumière de la Cité sainte.

Elle avait déjà, ce semble, comme un pressentiment que son pèlerinage sur la terre touchait à son terme, car presque toutes les lettres qu'elle écrivit, après sa première maladie, contiennent quelques allusions à la nature passagère de toutes les choses d'ici-bas, et montrent combien son âme soupirait après le ciel, « la Patrie », comme elle avait l'habitude de l'appeler. « Vivons en Dieu et pour Dieu, mes bien-aimés, écrivait-elle alors, et nous serons tous réunis dans la Patrie car la vie passe comme une vapeur légère qui se perd dans un ciel d'été, et le pèlerinage ne sera pas long. Bientôt nous serons dans la maison de notre Père, et nos cœurs qui ont faim et soif de lui, seront rassasiés et désaltérés de sa bonté et de son amour. »

Après une retraite, elle écrivit ces mots :

« J'en suis revenue plus pénétrée que jamais du néant de tout ce qui passe, et il me semblait que les peines et les joies de la vie avaient tellement diminué à mes yeux pendant ce temps, qu'elles n'étaient plus capables de troubler un instant un cœur formé tout entier pour les choses éternelles. La nature n'accepte pas toujours cette vérité; elle se regimbe contre l'aiguillon de la douleur, mais nous pouvons tout en Celui qui nous fortifie, et cette pensée nous rend victorieux de notre faiblesse; n'est-ce pas, sœur chérie?

« Nous avons eu des sermons admirables, simples et éloquents comme l'Évangile, et tout inspirés de l'amour de Dieu. Du reste, n'est-ce pas là le plus puissant, que dis-je? l'unique mobile de toute action noble et généreuse, de tout sacrifice; le secret de la force et du dévouement qui sont si contraires à notre pauvre et faible nature! »

Dans une lettre remarquable que Sœur Eugénie écrivit, à cette époque, à un proche parent qui lui était cher, et dont la foi avait été quelque peu ébranlée par le contact de cet esprit d'incrédulité si répandu de nos jours, elle parle de ces cœurs généreux, de ces belles intelligences qui souffrent si cruellement de l'insuffisance et de la caducité de tout ce qui n'est pas vrai et éternel; puis elle ajoute ces mots :

« Je voudrais pouvoir leur imprimer dans le cœur ce qui fait ma paix et mon bonheur, c'est-à-dire qu'en Dieu seul est cette félicité, cette force, cette supériorité à toutes les misères de la vie que demandent toutes les âmes ici-bas. Quand j'ai dit en Dieu, je veux dire dans l'union avec Dieu par la prière et les sacrements. Mais pour cela, il faut connaître Dieu tel qu'il est : grand, *bon par excellence, inexprimablement miséricordieux,* tendre comme un père, souverainement intelligent, et comprenant, par conséquent, les besoins, les attraits, les répugnances, les difficultés, que rencontre, dans son cœur, son caractère et sa position, chacun de ses enfants; enfin le Dieu de saint Augustin et de saint Thomas d'Aquin. »

Cette union avec Dieu par la prière et les sacrements était, en réalité, la note dominante de sa vie spirituelle. Elle priait sans relâche avec la plus grande ferveur : c'était sa ressource dans les difficultés, sa consolation dans toutes les épreuves. La sainte Eucharistie était *son tout en tout.*

Ainsi, Dieu se communiquait à son âme, la remplissant de sa présence, la purifiant, l'élevant, et perfectionnant tous ses dons naturels. Son intelligence se développait dans un degré remarquable; la profondeur de ses pensées et le pouvoir de les exprimer facilement dépassaient de beaucoup les plus brillantes promesses de ses jeunes années. Sa conversation devenait plus lumineuse et plus éloquente, surtout quand elle parlait des choses du Ciel. Le sentiment naturel qu'elle avait de l'idéal, et son imagination poétique, qui s'étaient de plus en plus spiritualisés, revêtaient ce qu'elle disait d'un charme inexprimable.

Sœur Eugénie était la seule à ignorer son mérite, et elle semblait se rabaisser chaque jour davantage à ses propres yeux. Absorbée dans la plénitude de la Divinité, elle était pénétrée du sentiment de son indignité et de son néant. Plus que jamais elle méritait son ancien nom de *violette,* car elle répandait autour d'elle le parfum de la sainteté et de la vertu, tandis que, comme cette douce fleur, elle se cachait sous les larges feuilles de son humilité.

Plusieurs passages de ses écrits montrent que Dieu l'éprouvait, comme il a coutume d'en user avec ses enfants les plus favorisés, en lui retirant de temps en temps ses consolations spirituelles. Elle avait des moments de ténèbres, d'orages, de tribulations intérieures, mais qui étaient toujours suivis d'un plus fervent amour, d'une soumission et d'un détachement plus complets.

Les Sœurs qui étaient ses compagnes à X... se la rappellent comme ayant été pour la communauté un exemple vivant; elles disent que, durant son court séjour au milieu d'elles, Sœur Eugénie leur montra comment il faut *vivre, souffrir et mourir.* La sainte obéissance, qui est la source et la mère de toutes les

vertus, ainsi que l'enseigne saint Augustin, faisait l'objet de
ses prédilections. Par sa constante conformité à la volonté divine,
par son entier renoncement à son propre jugement, par sa dili-
gente et exacte observance des règles, par sa simple et prompte
soumission aux ordres de la Supérieure, elle la pratiquait d'une
manière parfaite, considérant que saint Thomas d'Aquin, saint
Bernard et tous les autres Pères de l'Église la placent à juste
titre en tête de toutes les vertus qui sont le plus nécessaires dans
la vie religieuse.

On raconte qu'un jour de grande fête, l'organiste étant
absente, la Supérieure envoya dire à Sœur Eugénie de la
remplacer. Elle se sentait réellement incapable de le faire.
Elle savait qu'il lui était impossible de tenter même d'impro-
viser toute une messe. Mais comme la Supérieure désirait
qu'elle en fît l'essai, dans son obéissance aveugle elle s'assit à
l'orgue, tremblante, effrayée, ne sachant pas comment elle
allait s'en tirer. La messe commença ; et, chose étonnante,
après les premiers accords, elle oublia sa frayeur et la difficulté
de sa tâche, qu'elle accomplit, toute surprise, à la grande satisfaction des assistants. Grand était aussi son amour pour la mortification intérieure. Elle cherchait à se vaincre elle-même, à
renoncer à sa propre volonté, jusque dans les choses indiffé-
rentes. Les Sœurs disent l'avoir souvent vue déchirer les charmantes lettres qu'elle recevait de sa famille, pour se priver du
bonheur de les lire une seconde fois. Elle avait acquis l'habitude de vivre entièrement en la présence de Dieu, et ses compagnes aiment encore à se la rappeler, lorsqu'elle était à genoux,
dans la chapelle, immobile, absorbée devant le Saint Sacrement.
Elles se demandaient comment Sœur Eugénie pouvait demeurer
si longtemps dans la même position, particulièrement lorsqu'elle
était souffrante, ce qui lui arrivait souvent.

Un jour, une Sœur, voulant mettre son humilité à l'épreuve,

lui dit : « Sœur Eugénie, je ne crois pas que votre génuflexion devant Notre-Seigneur, dans la chapelle, soit convenable pour une Sœur de charité. Il y a quelque chose de trop mystique dans votre manière de la faire. » Elle répondit avec cette simplicité d'enfant, chez elle si remarquable : « C'est que, lorsque j'apparais devant notre divin Maître, et que je me dis à moi-même : Il est là, dans ce tabernacle, je me sens si écrasée et si anéantie devant cette suprême majesté, que je ne sais comment lui témoigner mon respect ; c'est pourquoi je suis si gauche en sa présence. »

CHAPITRE VI

MORT DE SŒUR EUGÉNIE.

Durant l'automne de 1867, après avoir suivi les saints exercices de la retraite annuelle, Sœur Eugénie, qui avait été souffrante depuis quelque temps, tomba de nouveau sérieusement malade, au mois de novembre ; son mal empira rapidement, et elle ne s'en releva jamais. Dieu seul sait quelle épreuve ce fut pour elle d'être ainsi réduite à l'inaction et incapable de travailler plus longtemps pour lui ; néanmoins elle acceptait ses souffrances non-seulement avec résignation, mais encore avec joie, et elle envisageait la mort avec une douce sérénité. « Je sens que je vais à mon Père, au ciel », disait-elle. Ces paroles : « Je vais au ciel », étaient souvent sur ses lèvres. La patience ne lui fit jamais défaut, et elle fut toujours remplie de soumission à la volonté de Dieu.

La Supérieure fit bien des neuvaines pour le rétablissement de sa santé ; des prières sans nombre furent offertes à Dieu, à la même intention, par toute la communauté et par les petites orphelines. Voyant qu'on n'obtenait aucun résultat satisfaisant, une des Sœurs lui dit : « Sœur Eugénie, je suis sûre que c'est votre faute ; vous désirez tant nous quitter que vous ne nous secondez pas dans nos prières. »

Elle répondit : « Je ne désire et ne demande rien que l'accomplissement de la volonté de Dieu. »

C'était pour elle un bonheur si inexprimable de contempler Jésus-Hostie, que le seul désir qu'elle manifesta, pendant sa maladie, fut qu'on lui permît d'assister à la bénédiction du Saint Sacrement. Trois jours avant sa mort, la Supérieure, lui accordant ce privilége, fit ouvrir la porte de l'infirmerie qui donne dans la tribune de la chapelle, et aucune parole n'est capable de rendre la joie qu'elle en ressentit.

On ne pouvait consoler ses chères petites orphelines, qui lui étaient passionnément attachées. Leur plus grande récompense était la permission d'aller la voir. Pour ne pas trop la fatiguer, elles ne se rendaient jamais près d'elle que deux à deux, et elles éprouvaient un bonheur véritable, quand Sœur Eugénie pouvait leur adresser quelques paroles et leur donner des conseils. Quelquefois la Supérieure ne permettait pas à la malade de parler, et alors ces pauvres petites filles se contentaient de la regarder, car il y avait pour elles une leçon bien salutaire, dans ce silence observé avec tant de patience.

On était en l'année 1868, et Sœur Eugénie devait prononcer les saints vœux le jour de l'Annonciation ; mais comme sa maladie faisait des progrès, on demanda et l'on obtint pour elle la permission de devancer l'époque fixée.

Voici ce qu'elle écrit à ce sujet :

« C'est donc demain, jour de l'Épiphanie, que j'aurai l'ineffable bonheur de m'unir sans partage à mon Sauveur adoré. O mes bien-aimés, chantez avec moi le cantique de reconnaissance au Dieu de miséricorde qui abaisse ses regards jusqu'à mon extrême misère, et me couronne de bonheur et de gloire. Depuis de longues années, mon âme avait soif de voir arriver ce jour où je serais détachée de toutes les choses de la terre, pour n'être plus qu'à mon Dieu sans réserve; et je m'efforce de perdre le sentiment de ma bassesse et de mon indigence dans celui de la splendeur et de la plénitude des perfections de mon divin Sauveur. »

Elle dut garder le lit dans cette circonstance solennelle, étant trop malade pour pouvoir le quitter. Sa chambre était délicieusement ornée de fleurs et de lumières. Durant la cérémonie, elle portait sur la tête une couronne de roses blanches et de lys; les Sœurs disent qu'elle était comme en extase, qu'elle ressemblait à un ange et paraissait déjà être au ciel.

Le 9 janvier, elle écrivit :

« Je n'ai pas été fatiguée en ce beau jour; mon âme remplie d'une douce paix calmait les souffrances de ce pauvre corps; et je les bénissais, ces chères souffrances qui m'avaient acquis ce riche trésor de l'union avec mon éternel Époux. Depuis, je goûte tous les jours, de plus en plus, mon bonheur, mon inestimable privilége. »

Quoique alitée et souffrant beaucoup de faiblesse et d'épuisement, elle s'efforça d'écrire fréquemment quelques lignes à sa famille, à qui son état inspirait les plus vives inquiétudes. L'altération de son écriture montre quelle fatigue c'était pour elle; mais chaque mot qu'elle traçait était précieux pour ses parents si profondément affligés. Ces lettres sont courtes et ne contiennent guère que des détails qui lui étaient demandés sur l'état de sa santé. Mais on y trouve généralement quelques belles pensées, et surtout des demandes réitérées de prières pour que la pauvre et fragile créature ne succombe pas sous le poids de la faiblesse et de la langueur qui accompagnent toujours la maladie :

« Priez pour moi, mes bien-aimés, afin que mon cœur s'élève de plus en plus, et que je sente de mieux en mieux le prix si grand de la souffrance. Les miennes ne sont presque pas dignes de ce beau nom. Elles sont mesurées à mes faibles forces, et non à mes péchés. Mais je voudrais tenir mon cœur au niveau d'un acquiescement joyeux à la volonté sainte, malgré les langueurs inévitables de la maladie.

« Demandez que je dise toujours : SURSUM CORDA. »

Au commencement de février, le Père C..., ce saint prêtre dont le sermon, ainsi que nous l'avons dit, avait hâté sa résolution définitive de quitter le monde, passant par C..., s'y arrêta pour aller voir Sœur Eugénie. Il parle ainsi de sa visite :
« Ce fut pour moi un bonheur de la voir à C... Elle était sur son lit de souffrance, entourée par les Sœurs. Je compris qu'elle n'était pas pour longtemps en ce monde. Elle allait continuer dans le ciel sa vie d'ici-bas, cette vie qui était uniquement l'accomplissement de la volonté de Dieu. Elle ne désirait pas mourir, elle ne désirait pas vivre : elle ne désirait ni le travail, ni le repos. Telles étaient à peu près ses paroles : elle n'avait qu'un désir : faire la volonté de Dieu. »

Dans le cours de sa maladie, sa mère et d'autres membres de sa famille la visitèrent de temps en temps. Ils venaient d'apprendre avec bonheur qu'une légère amélioration dans sa santé s'était manifestée, quand tout à coup ils reçurent des nouvelles si alarmantes sur les progrès rapides de la maladie que ses parents et ses sœurs se décidèrent à aller en toute hâte à C..., craignant, malgré leur départ précipité, d'arriver trop tard.

Quand ils eurent atteint le terme de ce voyage si plein de tristesse et d'inquiétude, la malade avait déjà reçu les derniers sacrements. Cependant, en entrant dans la chambre de leur bien-aimée, le cœur oppressé sous le poids de leur affliction, ils trouvèrent son visage si beau et si calme qu'ils avaient peine à croire que la mort fût si proche. La maladie avait peu changé cette figure douce et paisible; ses joues conservaient encore leurs suaves contours. Tranquillement étendue sur son lit, tenant ses blanches mains humblement croisées sur sa poitrine, elle ressemblait à un lys éclatant de pureté. L'approche de la mort ne se trahissait que par l'expression céleste de ses yeux, brillant déjà d'un éclat radieux qui n'était pas de ce monde.

L'entrevue était bien touchante; ils furent tous profondément émus. Après les premiers épanchements de l'arrivée, elle regarda ses chers parents les uns après les autres, avec l'expression de l'amour le plus profond, et leur répéta souvent : « Oh! que je suis heureuse! Combien Dieu est bon pour moi! Oh! combien je suis heureuse de vous voir tous! »

Dans sa profonde humilité, elle ne comprenait pas qu'on pût avoir tant de chagrin à son sujet, et voyant l'angoisse peinte sur tous leurs traits, elle leur demanda avec anxiété ce qui les affligeait. Quand ils lui dirent qu'ils n'avaient en ce moment d'autre chagrin que celui de la voir si malade, elle répondit : « Je le crois, puisque vous le dites; — mais c'est la volonté de Dieu, et il nous donnera à tous la force nécessaire. »

Elle parlait avec difficulté, parce qu'elle avait de violents et fréquents accès de suffocation. Ses sœurs l'interrogeant sur ses souffrances qui étaient intenses, elle répondit : « Oh! ce n'est rien; parlons de choses plus intéressantes. — Racontez-moi quelque chose; que se passe-t-il à la maison? Moi, je vous reçois bien mal... Mais je ne peux pas parler... J'ai tant de choses à vous dire!... C'est la volonté de Dieu. »

Alors elle leur parlait de ses parents et de ses amis absents. Elle s'informait de plusieurs personnes de X... — Elle disait : « Je n'oublie rien, ni personne; je remercie tous ceux qui veulent bien penser à moi et prier pour moi. »

Sa famille la quitta à neuf heures du soir. Sœur Eugénie passa une nuit agitée et douloureuse, éprouvant de fréquentes et pénibles oppressions. Le lendemain, vendredi, elle reçut de bonne heure la visite des siens ; elle leur fit un joyeux accueil, et leur sourit affectueusement. Son père se pencha vers elle et lui baisa les mains. Elle parut en éprouver du chagrin, et les retirant elle dit : « Oh ! papa, non, pas cela, je n'en vaux pas la peine. »

Elle apprit avec bonheur qu'un de ses frères devait probablement arriver dans la journée. Son frère aîné était en garnison en Algérie ; elle avait reçu quelques mois auparavant la visite de son plus jeune frère ; son second frère était le seul qui pût obtenir une permission pour aller la voir, encore une fois, en ce monde. Comme depuis cinq ans ils ne s'étaient pas rencontrés, elle s'écriait avec joie : « Oh ! que je serai heureuse de le voir ! »

Sa grâce parfaite et son exquise courtoisie ne l'abandonnèrent jamais, et toutes les fois que sa mère ou ses sœurs lui offraient à boire, elle faisait d'abord le signe de la croix avec un profond respect, et puis elle disait en souriant : « Merci infiniment. » A une heure, elle fut prise d'une terrible suffocation, qui lui causa les plus grandes douleurs. Ses amis sanglotaient autour de son lit et priaient Dieu de la prendre et d'abréger son agonie. Elle au contraire s'écriait : « Merci, merci, mon Jésus ! — Que je suis heureuse de souffrir pour vous ! — C'est un trop grand bonheur. Encore, encore, mon Amour, mon divin Maître, si cela vous plaît, et pour aussi longtemps que vous le voudrez ! »

Elle couvrait de baisers ardents le crucifix qu'on approchait de ses lèvres. Il semblait que son amour et sa générosité augmentaient à mesure que ses croix devenaient plus pesantes. Son confesseur se pencha vers elle et lui parla de la récompense du ciel. Elle répondit aussitôt : « Je n'ai pas en vue la récompense, je ne pense qu'à faire la volonté de Dieu. »

Même au milieu de cette terrible crise, ses regards se fixaient avec tendresse sur ses chers parents ; et toujours, et toujours ses pauvres lèvres décolorées et tremblantes leur souriaient. Une fois elle se tourna vers sa mère ; et, avec une indescriptible expression, elle lui dit en anglais : « *Darling mamma.* »

A trois heures, elle se trouva mieux, et ses souffrances diminuèrent. Elle demanda qu'on la laissât tranquille, et priant ceux qui l'entouraient de s'asseoir, elle dit : « Du calme, du calme. » Sa sœur Marie lui demanda si l'on pouvait faire quelque chose pour elle. Elle répondit : « Oh ! non ! j'ai tous les soulagements imaginables pour le corps et pour l'âme. Je suis bien heureuse. — Dieu me comble. »

A une heure avancée du jour, son frère arriva enfin, après trente-trois heures passées en chemin de fer. Elle était alors relativement calme : elle pouvait parler. Quand elle le vit entrer dans sa chambre, sa figure s'éclaira d'un radieux sourire. Elle passa ses bras autour de son cou et l'embrassa tendrement. C'était un beau spectacle de voir ce jeune soldat à la figure mâle inondée de larmes, retenu étroitement dans les embrassements de sa sœur mourante, cette pure et sainte Sœur de charité !

Ensuite, elle le fit asseoir en face d'elle, près de son lit, et après avoir jeté sur lui un long regard de tendresse, elle lui demanda de lui parler de tout ce qui le concernait, de sa vie de soldat, de ses amis, etc. Elle écouta avec le plus profond intérêt, plaçant çà et là quelques paroles édifiantes. Elle lui parla avec chaleur de son plus jeune frère, de son caractère, de la carrière qu'il allait embrasser. Chaque parole qu'elle prononçait était pour tous d'un prix infini.

A six heures, la cloche sonna la bénédiction du Saint Sacrement, qui se donne tous les vendredis, durant le Carême. La famille se rendit à la tribune, qui d'un côté ouvrait dans l'infirmerie, et de l'autre avait vue sur la charmante petite chapelle. Chacun se mit à genoux, et les orphelines, — *ses* orphelines, — qu'elle avait tant aimées, chantèrent les hymnes de la bénédiction, avec leurs voix pleines de jeunesse et de fraîcheur, comme pour préparer l'entrée glorieuse de cette âme pure dans la demeure de son Père céleste.

Quand tout le monde revint auprès de son lit, sa chambre était arrangée pour la nuit, — sa dernière nuit sur la terre! Tout était paisible et dans un calme parfait; les rideaux des fenêtres étaient fermés. Une lampe, placée sur la cheminée, répandait sa lueur vacillante sur un grand tableau qui était suspendu au mur, en face de son lit, et qui représentait Notre-Seigneur couronné d'épines et cloué sur la croix. Ses parents, son frère et ses sœurs s'étaient assis en cercle autour d'elle. Sœur Eugénie avait fait disposer la lampe de manière qu'elle éclairât tous leurs visages. Elle les regarda en joignant les mains et s'écria : « Que c'est donc beau, de vous voir tous ainsi! que je suis heureuse! Dieu me comble! quelle force il me donne! »

Elle était alors très-calme et très-tranquille, quoiqu'elle ressentît des souffrances incessantes et aiguës.

Vers neuf heures, elle fit signe à sa mère d'approcher, et l'embrassant affectueusement, elle la pria, si jamais elle lui avait fait de la peine, de la lui pardonner. Sa pauvre mère lui répondit, à travers ses sanglots, que jamais, jamais elle ne lui avait causé de peine que par sa maladie. « Oh! cela, dit-elle, c'est la volonté de Dieu. » Elle les embrassa tous, leur adressant tout bas quelques paroles de tendresse et de consolation. Sa sœur Marie vint la dernière; elle était alors trop épuisée pour parler davantage, mais prenant ses mains dans les siennes, elle lui dit d'un ton solennel : « Mon ange, je te parlerai demain, je te parlerai demain! » Hélas! il ne devait pas y avoir de lendemain pour elle en ce monde.

Sœur Angèle, qui avait le privilége de veiller près d'elle, raconte ceci : « A la chute du jour, elle devint plus agitée, et ses souffrances augmentèrent d'intensité. Malgré ses douleurs, elle s'occupait de moi, me priait de m'approcher du feu, et était pleine de reconnaissance pour la moindre attention. Une fois, je lui dis : — Sœur Eugénie, vous êtes sur la croix de Notre-Seigneur. — Oh! c'est très-doux, répondit-elle. Je lui récitais une petite prière d'abandon à la volonté de Dieu. — Oh! que cela est beau! dit-elle; répétez-le encore, cela me fait du bien.

« Vers minuit, elle fut prise d'une violente douleur au côté et d'un frisson. Lorsque je lui eus donné un peu de soulagement, elle exprima sa gratitude en ces termes : — Je vous le rendrai, mais pas ici. Je lui dis à un autre moment : — Oh! que je suis affligée, Sœur Eugénie, de vous voir dans de telles souffrances! Dites à Notre-Seigneur que vous l'aimez autant que vous souffrez. — Elle répondit avec une animation et une ferveur que je n'oublierai jamais : — Oh! non, je l'aime bien davantage, ma Sœur, bien davantage. »

Vers quatre heures du matin, Sœur Eugénie s'écria d'un air rayonnant : « Oh! que c'est beau! que c'est magnifique! » Évidemment elle avait entrevu le Paradis. Un peu plus tard, son confesseur lui demanda si elle voulait recevoir la sainte communion, comme elle n'avait pas manqué de le faire tous les jours durant sa maladie. Elle répondit : « Dans un petit moment; je ne suis pas assez calme. » Elle souffrait précisément alors d'une violente oppression. Une minute après, sa tête se renversa tout à coup sur l'oreiller, elle exhala un doux soupir, — et tout était fini. Son âme pure s'était envolée vers sa demeure céleste.

Le matin, quand la famille entra de nouveau dans la chambre, le corps de cette enfant de bénédiction, de leur « petite sainte », reposait sur le lit, dans tout le calme et toute l'exquise beauté de son dernier sommeil. Elle était revêtue du saint habit de cet Ordre qu'elle avait aimé d'un amour si vrai. Sur sa blanche cornette était posée la couronne de lys et de roses dont on l'avait parée quand elle prononça ses vœux.

Même alors, la mort n'avait laissé d'autre trace qu'une extrême pâleur qui donnait à ses traits l'air d'avoir été ciselés dans le marbre. Il était impossible de la regarder sans éprouver la douce confiance qu'elle reposait en paix, dans la plénitude des joies du Paradis !

Tous étaient plongés dans la plus profonde douleur, atterrés par la grandeur d'une telle perte ; et pourtant il y avait tant de consolation et même tant de gloire dans une pareille mort, que, malgré les sentiments humains de chagrin et de regret qui remplissaient tous les cœurs, on pouvait encore s'en réjouir pour elle. Ses parents savaient qu'elle était en la présence de l'adorable Sauveur, du divin Maître qu'elle avait aimé si ardemment et si fidèlement, et ils n'auraient pas voulu la rappeler à la vie, quand même ils en auraient eu le pouvoir. Ils l'avaient une fois donnée à Dieu pour qu'elle se consacrât à son service ; et maintenant que Dieu l'avait appelée à lui pour participer à sa gloire, ils se sentaient assez forts, dans leur résignation, pour le remercier des précieuses consolations de ses derniers jours, et ils pouvaient encore dire avec une entière soumission : « *Fiat voluntas tua!* »

Le matin, les rayons du soleil éclairèrent le lit de mort ; on eût dit que c'était en signe de triomphe. A la tête de ce lit on éleva un petit autel, sur lequel fut placé un crucifix entouré des fleurs qu'elle avait le plus aimées. Des prêtres et des Sœurs vinrent s'agenouiller autour d'elle, priant et pleurant. C'était aussi une allée et venue incessante de ses orphelines et des enfants de l'école, qui voulaient voir une dernière fois celle qui avait été pour elles comme un ange gardien. Toutes l'embrassaient, priaient à côté d'elle, et une petite orpheline de cinq ans, étendant les bras, demanda qu'on voulût la soulever afin de mieux la voir et de l'embrasser.

Aussitôt que la nouvelle de sa mort se fut répandue, une foule de pauvres vinrent aux portes de la Miséricorde, demandant avec instance d'être admis auprès de la bonne Sœur. La Supérieure fut obligée à la fin de les faire ouvrir; et en un instant la cour, le grand escalier, la chambre elle-même se remplirent de pauvres gens; et durant tout le jour, on vit la même affluence : des vieillards, des malades, des boiteux, des aveugles — quelques-uns portés par leurs compagnons — des mères avec leurs petits enfants, des ouvriers de la ville et des environs, arrivaient en foule, et, tombant à genoux, s'écriaient avec des accents de douleur déchirants : « Oh ! la bonne Sœur, nous ne la reverrons jamais ! Elle était si douce, si avenante, si bonne pour le pauvre monde ! »

C'était un spectacle touchant. Jamais oraison funèbre ne fut aussi éloquente que ce témoignage spontané et vivant rendu à la sainteté et à la charité de la défunte.

La famille resta près d'elle en prière jusqu'au soir : et c'est alors que la fille chérie, la sœur bien-aimée, reçut des siens, avec le dernier baiser, le dernier regard en ce monde !

Bien profonde était l'affliction de la communauté, car la bonne Sœur Eugénie avait gagné l'affection de tous les membres de la famille de la Miséricorde; bien plus profonde encore était celle de l'excellente et douce Supérieure, dont Sœur Eugénie disait souvent qu'aucune parole ne saurait exprimer avec quelle tendresse elle l'avait soignée. Elle déplorait de toute façon la perte de cette chère Sœur qui, par son jugement éclairé et son intelligence, unis à une charité parfaite et un tact exquis, lui avait été d'un si grand secours dans la tâche difficile de l'administration, et qui avait toujours été pour elle une amie et une conseillère, en même temps qu'une fille dévouée et aimante en Jésus-Christ. Son unique consolation était la pensée que Sœur Eugénie n'oublierait pas ses compagnes dans le ciel, où toutes se retrouveraient un jour pour ne plus jamais se séparer.

La pluie tombait à torrents le jour suivant, 1er mars, lorsque eurent lieu les funérailles, ce qui n'empêcha pas un grand nombre de pauvres, et plusieurs personnes de la ville, de suivre le corps jusqu'au cimetière. Tout le clergé s'y trouvait aussi, avec les Sœurs des différentes communautés de C..., les orphelines et les enfants de l'école. Le père et le frère de la défunte ouvraient le cortége. La pluie battante, qui ne cessait de tomber, semblait répondre à leur affliction et à leurs larmes. Le drap blanc comme la neige qui couvrait le cercueil était parsemé de roses, et des jeunes filles habillées de blanc portaient le précieux fardeau.

Ce fut ainsi que cette longue et lugubre procession arriva au cimetière, d'où l'on a une belle vue de l'ancienne et pittoresque cité que Sœur Eugénie admirait tant.

Lorsque le dernier *Requiem æternam dona ei, Domine,* eut été chanté, et qu'on eut répété l'antienne *Ego sum resurrectio et vita,* on la déposa entre deux Sœurs qui étaient mortes à la Miséricorde pendant qu'elle s'y trouvait, Sœur Marie et Sœur Émilie, qu'elle avait aimée si tendrement. Et c'est là qu'on voit aujourd'hui une simple croix de marbre blanc sur laquelle est gravé son nom, avec ces mots choisis par elle-même :

MON AME A ESPÉRÉ DANS LE SEIGNEUR

CAR LE SEIGNEUR EST PLEIN DE MISÉRICORDE

ET LES FRUITS DE SA RÉDEMPTION SONT ABONDANTS.

(Ps. CXXIX.)

DE PROFUNDIS.

Quand la foule se fut dispersée, il demeura encore un petit groupe de personnes qui sanglotaient et priaient autour du tombeau qu'on venait de fermer. On ne pouvait arracher les pauvres petites orphelines du lieu où l'on avait déposé les restes vénérés de celle qui avait été si bonne pour elles ; leur désespoir si simple et si sincère avait quelque chose de bien touchant.

Ces pauvres enfants chérissaient avec tant d'ardeur la mémoire de Sœur Eugénie qu'on les a souvent entendues dire qu'elles étaient détournées de commettre telle ou telle faute par la pensée qu'elle les voyait. Son nom même leur était si cher, qu'elles supplièrent la Sœur qui la remplaça de quitter le sien et de s'appeler Eugénie, en souvenir de celle qu'elles avaient perdue.

On dit bien des messes, on fit bien des prières pour le repos de cette chère défunte ; mais de toutes ces messes de *requiem,* aucune ne fut plus solennelle et plus touchante que celle qui fut célébrée dans l'église du village où Sœur Eugénie avait fait sa première communion. Le vénérable curé qui lui avait enseigné la foi catholique, et qui était alors curé doyen dans une commune voisine, prononça l'absoute. Depuis, il est entré, lui aussi, dans son repos. Dans la petite église, entièrement tendue de noir, se pressaient en foule tous les habitants du village, jeunes et vieux, et beaucoup d'amis de la famille. Tous les yeux étaient remplis de larmes ; tous les cœurs pleins des mêmes sentiments de tendre regret et d'affectueuse sympathie.

L'influence de Sœur Eugénie a laissé une empreinte ineffaçable, non-seulement dans les communautés où elle a vécu et au milieu de sa propre famille, mais encore parmi tous ceux qui l'ont connue ou qui ont été en contact avec elle. Un prêtre qui la voyait habituellement disait : « J'allais souvent la voir, non pas pour elle, — elle n'avait besoin de rien, — *mais pour moi,* et jamais je ne suis sorti de la présence de cette sainte sans me sentir meilleur et fortifié. »

Un autre disait : « Ce n'est pas la *foi* qu'elle avait, mais la *claire vue.* Elle *voyait* ce que nous *croyons.* »

Et maintenant son exemple nous parle à tous, nous excitant à un plus grand amour de Dieu, nous pressant d'imiter sa charité, son abnégation et son humilité, afin que, quand notre pèlerinage sur la terre sera accompli, nous puissions espérer de la rejoindre dans la céleste Patrie, autour du trône de Dieu!

FRAGMENTS

EXTRAITS

DES NOTES ET MANUSCRITS

LAISSÉS PAR SŒUR EUGÉNIE

MEDITATIONS.

> « Bienheureux ceux qui ont le
> « cœur pur, car ils verront Dieu. »
> (S. Matth., ch. v, ꝟ 8.)

En méditant cette parole de mon Sauveur bien-aimé, j'ai cru voir que cette promesse faite au cœur pur, et qui, au premier abord, semblerait ne regarder que la Patrie, où la vue de Dieu fait l'inexprimable bonheur des élus, s'accomplit en un certain sens dès cette vie..... En effet, même ici-bas, il est donné au cœur pur *de voir Dieu* en un certain sens dans la méditation. Dans toute l'humilité de mon ignorance, je crois qu'on peut aussi trouver en ces adorables paroles cette signification. En méditant les perfections de notre Dieu, nous souffrons d'un voile épais qui obscurcit notre vue, d'une pesanteur qui entrave notre élan, et qui sont causés par l'affection que nous avons pour nous-mêmes et pour toutes les choses de la terre.

Or, plus le cœur est pur de toute cette poussière, de tout ce limon, plus l'image du Sauveur, dans toute son ineffable beauté, s'y reflète et s'y grave. Sans parler du péché (qui est une intolérable angoisse pour le cœur qui aime, et qui empêche complétement cette vue), tout cet amas de lâchetés, de tiédeur, de légèreté, d'amour-propre, d'inquiétudes, de joies et de tristesses terrestres, et d'orgueil surtout, sous ses mille formes, sont autant de voiles qui obscurcissent le regard intérieur qui cherche son Dieu.

Bienheureux donc, oh ! mille fois bienheureux, mon Dieu, est le cœur que votre grâce a purifié, parce qu'il *vous verra* dès ce monde, parce que vous serez son trésor, son modèle, son amour et sa joie ; parce que, comparées à vous, toutes les choses de la terre ne lui sembleront que vanité et misère ; parce que vous serez dans ce cœur pour épurer toutes ses joies et le consoler de toutes ses peines, car « c'est par les épreuves qu'il entrera dans le rafraîchissement ». Donnez-moi, je vous le demande de toute la ferveur de mon amour, donnez-moi ce cœur pur, afin que je sois *bienheureuse, parce que je vous verrai.*

O mon Sauveur adoré, purifiez-le, par le moyen qu'il vous plaira, de tout ce qui n'est pas vous, et surtout de ce qui est *moi*, moi et mon amour-propre ; faites-en un sanctuaire pur où vous habiterez seul. O mon Dieu, faites-le ce que vous voulez qu'il soit ; rendez-le pur, car vous seul pouvez tout, et moi je ne puis rien qu'en vous et par vous. Accordez-nous à tous cette grâce immense, afin que, vous ayant toujours regardé autant que vous nous permettez de vous voir pendant cette courte et imparfaite vie, nous jouissions de l'incompréhensible bonheur promis au cœur pur, de vous contempler dans la Patrie pendant l'éternité. *Amen.*

✠

> « Je vous ai dit ces choses afin que
> « vous ayez la paix en moi. Vous au-
> « rez bien à souffrir dans le monde. »
> (S. JEAN, ch. XVI, ŷ 33.)

La paix de Dieu est l'héritage de ses enfants que le Sauveur nous a laissé en mourant. C'est le trésor des trésors, le don qui surpasse tous les dons. O mon âme, méditons profondément sur cette parole, sur cette promesse adorable : « Je vous donne la paix, je vous laisse la paix » ; laissons là toutes les choses de la terre, car voilà que notre Sauveur nous invite à recevoir de lui un don qui surpasse tous les dons.

C'était la veille de la douloureuse mort et passion du Seigneur Jésus. Il venait d'instituer le merveilleux triomphe et le chef-d'œuvre de son amour, la sainte Eucharistie ; et avant de mourir, en cette nuit suprême qui précéda son immolation, il fit à ses disciples un discours d'adieu, dont les merveilleuses paroles nous ont été rapportées par le disciple que Jésus aimait. O mon âme, quittons les bruits trompeurs et les vaines occupations du monde, et transportons-nous par une méditation profonde dans ce lieu béni où le divin Sauveur, entouré de ceux qu'il a choisis, leur dit ces dernières paroles dont l'attendrissante sublimité fait, depuis dix-huit cents ans, la force et la consolation des chrétiens. Ne craignez pas, pauvre âme tremblante à la vue de votre indignité, approchez-vous de ce Maître bien-aimé. Il vous a appelée en vous disant : « Venez à moi. Si quelqu'un a soif, qu'il vienne à moi et qu'il boive, car je ne mettrai pas dehors celui qui vient à moi. » Merci, Dieu de mon amour ! merci de me permettre de me désaltérer à la source de la vie, et de recueillir goutte à goutte dans mon cœur les paroles rafraîchissantes dont il a soif. Oh ! que ces paroles sont divines, pleines de douceur, de condescendance et d'amour ! Il va les quitter, ses pauvres « amis », dont l'esprit est prompt, il est vrai, mais dont la chair est faible; il va les quitter..... Demain on le traînera à la mort la plus sanglante. Ces mains divines, qui s'étendent pour les bénir, seront percées de clous. Ces pieds, qui se sont fatigués à chercher les brebis égarées, seront déchirés et sanglants; cette bouche divine, à laquelle ils sont suspendus, recueillant chaque parole qui en découle, sera desséchée et brûlante dans les angoisses de la mort, et n'aura pour la rafraîchir que du fiel et du vinaigre ! Du fiel et du vinaigre pour cette bouche adorable dont toutes les paroles sont douceur et amour ! Grand Dieu ! faut-il vraiment qu'il en soit ainsi? Oui, tout cela aura lieu *demain*. Il le sait, le divin Rédempteur, et « comme il avait aimé les siens qui étaient dans le monde, il les aima jusqu'à la fin », et dans cette dernière nuit, il leur parla longuement et tendrement, avec une autorité divine et un amour miséricordieux qu'aucun père n'a jamais eu pour ses enfants. Il leur dit de ne point se troubler, de ne pas craindre, de croire en lui d'une foi inébranlable. Il leur recommande de l'aimer, de demeurer dans son amour, de s'aimer les uns les autres comme il les avait aimés, de le prier avec confiance, et il promet de les exaucer. Il les appelle ses enfants, ses amis. Il sympathise avec chaque douleur de leurs cœurs, brisés à la pensée de la terrible séparation qui les attend : « Je ne vous laisserai pas orphelins, je vous enverrai le Consolateur. » Puis il continue : « Parce que je vous ai parlé de la sorte, vous avez le cœur rempli de tristesse. Je vous dis pourtant la vérité, il est de votre intérêt que je m'en aille. » Et il revient sans cesse au divin précepte de la charité et de l'amour. O discours sublime, vous suffiriez seul, si vous étiez médité, à fondre et à attendrir pour toujours les cœurs de tous les hommes !

Enfin, le divin Sauveur annonce à ses disciples les souffrances qu'ils auront à endurer pour être marqués du sceau divin de la Croix, par lequel seul les élus du Père de famille peuvent entrer dans les demeures éternelles. Il leur dit qu'ils seront méprisés, persécutés, chassés des synagogues, mis à mort ; qu'ils auront beaucoup à souffrir en ce monde, et puis, par une conclusion sublime que la nature ne saurait comprendre, mais dont la grâce fait sentir la divine harmonie, il s'écrie : « Je vous donne ma paix, je vous laisse ma paix ! » Quelle est-elle donc, mon Dieu, cette paix que vous promettez? Voilà des hommes qui vont être persécutés, torturés, et au milieu de toutes ces tortures ils possèdent, — quoi? — la *paix!* Oh! vous avez raison de dire que vous ne la donnez pas comme le monde la donne, Sauveur adoré ! Cette paix qu'il n'ose pas promettre pour prix de toutes ses joies, de toutes ses satisfactions, même les plus pures, vous la donnez, mon Maître bien-aimé, au milieu de toutes les angoisses, de toutes les tempêtes de douleurs qui assaillent les cœurs de vos enfants. Car ce n'est pas à vos Apôtres seuls que vous l'avez promise, mais à tous ceux qui, dans la suite des siècles, se renonceront eux-mêmes, prendront leur croix et vous suivront.

Paix de mon Sauveur, qu'êtes-vous donc? Vous êtes l'asile où se reposent les cœurs fatigués, brisés, méprisés, des enfants de Dieu ; vous êtes la bannière qu'ils élèvent bien haut, au milieu du combat, et que la poussière de la terre ne peut atteindre ni flétrir. Vous êtes la région bien au-dessus de la terre dont les angoisses de Jésus-Christ nous ont ouvert l'entrée. Mais qu'êtes-vous donc encore? Comment vous conquérir? comment vous posséder? Car vous n'êtes pas l'indifférence : loin de nous un tel blasphème! Ce sont les cœurs qui ressentent avec le plus de vivacité leurs douleurs et celles des autres, qui, lorsqu'ils suivent la voix de Dieu, vous comprennent et vous possèdent le mieux.

Seigneur Jésus, je crois voir ce qu'est cette paix divine, et la voie par laquelle on y arrive. Cette paix, c'est l'union avec vous par la grâce, et la conformité à votre volonté sainte, jusqu'à ce qu'elle devienne notre volonté. La route qui y conduit est la route royale du renoncement, du sacrifice et de la Croix, « que nous suivons à l'odeur de vos parfums ». Cette paix n'est pas l'indifférence pour les souffrances, c'est la paix qui succède à la guerre, quand la grâce a vaincu la nature, et qu'elle les fait accepter avec amour, en union avec les souffrances du divin Sauveur. Tant qu'il reste quelque chose de l'amour-propre et de la recherche de soi, cette paix ne peut être complète, l'héritage précieux de notre Prince adoré ne peut être possédé dans son entier. Oh! bienheureux sont ceux qui possèdent cette paix, qui acceptent avec une égale soumission et un égal amour la joie et la tristesse, la douleur et la consolation, la vie et la mort comme venant de vous : du sein de cette paix, qui n'est autre chose que l'union avec vous et le détachement d'eux-mêmes, leur cœur, fondu dans votre charité et remanié par votre grâce, se répandra en amour et en dévouement sur leurs frères, qu'ils aimeront comme vous les avez aimés, avec une sympathie ardente.

Sauveur adoré, donnez-nous cette paix, ce bien précieux que vous avez laissé à vos enfants, en mourant. Nous savons que nous aurons bien « à souffrir en ce monde », et nous sommes heureux de le savoir, car ce sont ceux qui ont passé par de grandes tribulations qui se tiennent devant vous dans votre Royaume. Nous ne demandons pas à en être exemptés, mais nous vous supplions, très-miséricordieux Jésus, de nous donner ce don précieux qui nous aidera à vous mieux servir, à vous aimer plus ardemment. Oh! venez parmi nous, et dites à l'intime du cœur de chacun : « Ayez confiance, j'ai vaincu le monde ; et pour prix de toutes les souffrances que vous êtes heureux d'endurer pour moi, je vous donne ma paix, je vous laisse ma paix. » *Amen.*

✠

> « Jésus ayant aperçu sa Mère et le
> « disciple qu'il aimait, dit à la Mère :
> « Femme, voilà votre fils. Puis il dit
> « au disciple : Voilà votre Mère. »
> (S. JEAN, ch. XIX, ŷ 26.)

Il est peu de passages du saint Évangile, peu de traits de la vie de notre cher Sauveur, où l'amour de son divin Cœur ait déposé plus de consolations qu'en celui-ci. Bien souvent l'âme brisée et déchirée y a trouvé la paix, ou du moins l'espoir. Mon âme, gravissons le mont du Calvaire, la Montagne des grandes angoisses, des grands bienfaits, de l'éternelle espérance, et oubliant toutes les choses de la terre, demeurons à contempler ce trait de la Passion de notre Prince adoré. . . . . . Je pourrais considérer, ma Mère bien-aimée, comment, par ces paroles : « Voilà votre Mère ». le Seigneur Jésus nous a faits vos enfants. Cette pensée remplit mon cœur d'une suave consolation, Mère très-chérie. Mais aujourd'hui je considère un autre trait de cette scène déchirante : le Sauveur Jésus, du haut de sa croix, du milieu de l'océan sans rives de son incommensurable angoisse, aperçoit *sa Mère !* sa Mère bien-aimée, brisée de douleur à ses pieds.

Il est une souffrance que quelques âmes connaissent trop bien, une souffrance cruelle parmi toutes les souffrances, la plus difficile de toutes à supporter, sans le plus haut degré de foi : c'est la vue de la douleur du cœur de ceux que nous aimons. Notre Sauveur devait la connaître, il l'a connue ; pas une fibre de nos cœurs ne peut être agitée sans trouver un écho dans le sien. Vous l'avez connue, divin Sauveur, en cette heure où vous avez vu le disciple que vous aimiez et votre

Mère immaculée au pied de votre Croix. Vous l'avez ressentie dans votre Cœur sacré, qui est tout amour; et lorsque nos pauvres cœurs sont ployés par le poids de cette épreuve, ils peuvent se réfugier, comme toujours, dans le vôtre, car vous savez qu'ils souffrent, et ce qu'ils souffrent. Vous savez qu'il y a des moments où, sans votre grâce, la vue du chagrin ou de la souffrance d'un être bien-aimé serait insupportable. Oh! comme on donnerait tout pour les soulager, tout pour prendre leur fardeau! et si, par ordre de votre volonté à jamais adorable, nous sommes la cause involontaire de ce chagrin, Seigneur, ayez pitié de nous!

Hommes de peu de foi que nous sommes! O mon âme, nous voudrions prendre leur fardeau, mais ne croyons-nous pas qu'il leur vaudra un poids éternel de gloire? Ne croyons-nous pas que le Seigneur Jésus, de ses yeux mourants, a aperçu sa Mère bien-aimée au pied de sa Croix, et pensant à la vie désolée qu'elle allait mener sans lui, l'a recommandée au disciple qu'il aimait le plus? ne croyons-nous pas que ce Sauveur miséricordieux aura soin de ceux que nous aimons?

Il aimait sa Mère, la douce Vierge Marie, choisie entre toutes les femmes, de toute la puissance de son cœur divin, bien autrement que nos cœurs imparfaits ne sauraient jamais aimer.

Recueillons-nous donc dans ce lieu trois fois saint, et méditons les divins enseignements qui nous sont donnés ici. Considérons cette pauvre Mère qui contemple son Fils ardemment aimé dans les angoisses de sa douloureuse Passion. Considérons cette Vierge sainte et héroïque, qui s'unit à son sacrifice et l'offre avec lui pour le salut des hommes. Contemplons ce divin Fils qui a compati à la douleur de la veuve de Naïm et des sœurs de Lazare, et qui voit *sa Mère* abîmée d'angoisses au pied de sa Croix. Contemplons aussi et surtout ce Dieu de sagesse et d'amour, qui lui donne part à son sacrifice afin qu'elle ait part à sa gloire. Croyons, sans la voir ou la comprendre toujours, à la sublime harmonie des desseins de Dieu sur nous tous, qui fait que nos douleurs comme nos joies concourent toutes à nous mener à lui, notre unique *Tout*. Ne vous plaignez pas, faible cœur, mais unissez-vous, en vous anéantissant vous-même, à Jésus, qui a vu souffrir sa Mère, à Marie, qui a vu souffrir son Fils adorable. O mon Dieu, que votre charité est grande, que votre miséricorde est compatissante, et toujours prête à nous donner asile! Qu'il est doux de méditer chaque trait de votre vie parmi nous, de repasser longuement chacune de vos paroles dans l'intime de nos cœurs, et de désaltérer nos âmes aux eaux vivifiantes et éternelles qui en découlent! Aujourd'hui comme toujours je termine en disant : *Vous seul, vous seul, mon Dieu!* vous seul en moi, vous seul en ceux que j'aime. Rien n'est beau, rien n'est vrai, rien n'est durable, rien n'est consolant que vous! Nous nous abandonnons tous à vous, qui êtes notre modèle, notre Sauveur, et notre partage pour l'éternité. *Amen.*

PENSÉES DÉTACHÉES

*Je voudrais que chaque souffle de
ma vie pût dire ces trois paroles :
Fiat voluntas tua ! Deo gratias !
Miserere mei !*

Le commencement de la perfection, c'est l'amour ; le comble
de la perfection, c'est l'amour. Mon Dieu, pour unique grâce,
je vous demande votre amour. Il me semble que nous n'avons
qu'une chose à faire, c'est d'aimer Dieu. « Aimez Dieu, dit saint
Augustin, et faites tout ce que vous voudrez ! » Quel est l'effet
de cet amour ? Comment saurons-nous si ce feu divin brûle en
nos âmes ? Écoutons notre Sauveur : *Si vous m'aimez, gardez
mes commandements.*

✠

On dit que les voyageurs, sur les mers lointaines, sentent
quelquefois des brises odorantes qui leur arrivent chargées des
parfums de quelque île embaumée dont ils sont éloignés
encore. C'est ainsi que dans le voyage de cette vie on sent
quelquefois dans la méditation comme une légère brise qui
traverse l'âme, apportant une senteur de la patrie céleste. Je
l'ai éprouvé surtout dans la méditation sur l'humilité et le
renoncement. C'était comme un sentiment de l'immense paix,
du suprême bonheur que renferment ces vertus pratiquées
dans toute leur étendue. Mais, mon Sauveur, cette perspec-
tive ne durait qu'un court instant, et la brise une fois passée,
je n'ai plus senti que l'odeur de la poix et du goudron du

vaisseau, et l'amour-propre et la vanité, mes éternels ennemis, ont recommencé la lutte pour me faire aller sous les flots. Mais ma confiance est dans mon Sauveur, et m'efforçant de tenir l'aiguille de ma volonté toujours tournée vers lui, j'ai confiance d'arriver à ce port éternel, qui est le but de tous mes efforts.

✠

Je regarde mon Dieu et je me regarde. Je regarde la perfection et je me regarde. O mon Dieu, quelle misère! quel dégoût! Que ferai-je? Je me jetterai aux pieds de mon Sauveur, comme le lépreux, et le paralytique, et le perclus de l'Évangile. Je m'anéantirai dans mon impuissance, et je dirai :

« *Miserere mei, Domine! miserere mei!* »

✠

La perfection chrétienne consiste tout entière dans la disposition de l'âme qui fait dire avec une résignation complète : « Que votre volonté soit faite! » *Fiat voluntas!* Mais cette disposition n'est pas purement passive. Elle engendre la résignation et l'*actio* : « Que votre volonté soit faite » *en moi et par moi*. Il est souvent bien difficile à la nature de dire : « Que votre volonté soit faite »; impossible sans l'aide de la grâce. Mais en cherchant à atteindre cette parfaite résignation, n'oublions pas l'*action,* et commençons, avec l'aide de la grâce, par faire la volonté de Dieu telle que nous la connaissons, dans les moindres détails comme dans les plus grandes actions, quand elle nous demanderait de nous couper un bras ou de nous arracher un œil.

✠

Seigneur, votre volonté, rien que votre volonté! Celui qui sème peu moissonne peu, mais celui qui sème avec abondance moissonnera avec abondance.

Oh! dans le service de ce divin Sauveur, ne disons jamais : C'est assez.

✠

Pour être heureux, il faut mettre tout son trésor dans le Ciel, et ne compter sur *rien* ici-bas, car tout passe, et rien n'est stable : le bonheur d'aujourd'hui peut se changer en angoisse demain. Cette vie est un voyage, un court temps d'épreuve; qu'importe qu'il y faille souffrir, s'immoler, tout sacrifier! Après ce court instant, l'éternité avec Dieu, et réunion éternelle en lui! Oh! que tout ce que nous appelons joie, bonheur, douleur, humiliations ou gloire, nous paraîtra alors un vain souffle! L'immensité de notre cœur demande à être comblée; les plus pures jouissances le laissent encore vide; Dieu seul le peut remplir. Oh! que tout ce que je regarde hors de Dieu me paraît petit! Qu'est-ce qui est grand? C'est l'humilité, la mortification du cœur, la pauvreté d'esprit, la simplicité, la résignation, l'amour et l'espérance.

La grâce de Dieu est tout : sans elle nous ne pouvons rien, avec elle nous pouvons tout. Il faut la désirer uniquement, la demander instamment, y répondre avec ardeur.

✠

O mes bien-aimés, pourquoi pleurons-nous dans les afflictions de ce temps si court? Qu'importe que la barque soit battue des flots, si elle touche enfin au port? Qu'importe que la route soit douloureuse, si elle aboutit à la Patrie?

« Post te curremus, in odorem unguentorum tuorum! »

✠

Fiat!

Il est un petit mot de quatre lettres, lequel, par la pensée qu'il renferme, est un doux et immense abri que Dieu nous a dressé au milieu des vicissitudes de ce court pèlerinage. Ce petit mot est *fiat*. Il exprime l'acte de l'enfant de Dieu, qui se jette avec une confiance entière et avec un amour confiant dans le sein de son Père, pour laisser passer l'orage.

Prononcez-le, cœur brisé, et il versera en vous un baume qui vous guérira. Prononcez-le, cœur incertain sur la route à suivre, et il résoudra vos doutes. Prononcez-le, cœur rempli de crainte à la vue de la fragilité de tout appui humain, et il sera pour vous un roc inébranlable. Prononcez-le, cœur attristé à la vue des misères qui couvrent la terre, et il vous en fera voir le remède. Prononcez-le, cœur altéré d'amour, de pureté et de justice, et il vous en abreuvera. Prononcez-le lorsque vous voulez attirer des bénédictions sur ceux que vous aimez, ou détourner le mal de leurs cœurs chéris. Prononcez-le avec chaque respiration de votre poitrine, avec chaque battement de votre cœur. Dieu le comprendra toujours comme vous l'entendrez, tantôt comme prière, tantôt comme acte de résignation; comme acte de foi dans le trouble, comme acte d'espérance dans la crainte, comme acte d'amour toujours. Oui, mon Prince adoré, *fiat!* je le dis du fond de mon âme, je m'abîme en ce mot suprême, comme en votre cœur divin, avec tout ce que je chéris ici-bas. Conduisez-moi après ce petit, ce court passage à

la Cité éternelle, qui est l'accomplissement de ce mot divin.
— *Fiat!*

✠

Je vois à l'horizon cette vie pauvre, humble, obéissante et
dévouée, dont chaque minute est consacrée à soulager les
souffrances de Jésus-Christ dans la personne de ses pauvres,
et malgré l'océan de sacrifices qui m'en sépare encore, je veux
remercier mon Dieu de m'y appeler.

✠

Sentez-vous les parfums qui s'exhalent de la vigne du divin
Maître, et qui nous attirent vers elle avec le brûlant désir d'y
travailler? Ils portent tous des noms sublimes : mortification,
pauvreté, obéissance ; ils enivrent le cœur.

✠

O splendide trésor de la Pauvreté chrétienne!
O glorieux honneur de l'Humilité chrétienne!
O fière liberté de l'Obéissance chrétienne!
O couronne éblouissante, parfum précieux de la Chasteté
chrétienne!
Vertus de mon Prince, je suis enivrée de votre beauté!
« *Nous courons après vous à l'odeur de vos parfums.* »

4 avril 1862.

✠

Tout manque en moi et autour de moi. En moi, je vois un
abîme hideux de corruption ; des aspirations vers le bien et de

continuelles rechutes dans le mal; une faiblesse et une impuissance entière pour atteindre un but ardemment désiré.

Dans les créatures, je ne trouve pas d'appui. Si je cherche à reposer un instant sur elles mon cœur oppressé, j'y trouve parfois un instant de consolation et de paix, un éclair de lumière et de bonheur; mais le vide et l'angoisse qui les suivent n'en sont que plus profonds et plus douloureux. Vous seul, ô mon unique amour! vous seul, dans les profondeurs de votre tabernacle, êtes mon appui, mon modèle et mon tout. Suffisez-moi toujours!...

Vous daignez donner à mon âme, Seigneur, un peu de paix, lui faisant oublier un instant ses misères dans la grandeur de vos perfections. Oh! souvenez-vous de moi, comme d'un instrument bien inutile, bien vil, il est vrai, mais tout dévoué à votre amour.

PIÈCES DIVERSES

COPIE D'UN PAPIER COUSU A SON SCAPULAIRE
ET TROUVÉ APRÈS SA MORT.

Quotidie morior.

Ce 11 mars 1865.

Mon adorable Sauveur, conformément à la résolution que vous m'avez inspirée dans mon oraison de ce matin, je vous promets de toute la force de mon cœur, qui a soif de vous aimer *effectivement,* que dès ce moment je ferai toujours ce que je saurai être *le plus parfait;* que je m'attacherai à ces deux vertus que vous me dites d'embrasser, *mortification* et *union à Dieu.* Et je travaillerai à me revêtir pour aller à vous d'une robe d'innocence et de charité, en me plongeant chaque heure dans votre Sang adorable, et en cherchant toutes les occasions de mourir pour vous.

Fiat voluntas !

Renouvelé le 10 janvier 1867.

Sacrement adoré de la divine Eucharistie, je vous consacre tout l'amour de mon cœur, et je vous y adore perpétuellement au milieu de toutes les occupations de ma vie.

COPIE D'UNE LETTRE SUR LA MORT DE SOEUR EUGÉNIE ADRESSÉE A SON
BEAU-FRÈRE PAR L'ÉVÊQUE DU DIOCÈSE.

« ....., le 3 mars 1868.

« MONSIEUR ET HONORABLE AMI,

« J'ai été bien surpris et surtout bien douloureusement
affecté de la perte de notre si chère Éveline, que vous venez
de m'annoncer.

« Je partage très-vivement votre affliction et celle de tous les
membres de la famille. Ici pourtant il y a une immense consolation, puisque Éveline était un ange, une sainte, et qu'elle n'a
quitté la terre que pour aller régner au ciel. C'était une pré-
destinée : sa vocation à la vie religieuse, sa consécration si
spontanée, si déterminée et si dévouée, sa vie de charité avant
et après sa consécration, tout en elle montrait qu'elle était
déjà faite pour le ciel et qu'elle était mûre pour y être recueillie.
Je prie sans cesse pour elle, mais sans croire qu'elle ait besoin
de mes prières ; j'offre le saint sacrifice, qui est la grande prière
de notre divin Sauveur et qui met le sceau à la prédestination.
Oh ! je me plais à prendre Éveline au saint autel et à la placer
à côté de Jésus, victime d'amour et de dévouement. Elle nous
rendra bien, et au centuple, l'intérêt que nous lui portons ; elle
priera pour nous tous au séjour de l'immortalité bienheureuse,
et fera tout pour nous y attirer avec elle. *Amen!*

« J'écrirai à toute la famille, à ces cœurs si ulcérés, parce
qu'ils étaient pleins d'affection pour Éveline. En attendant, je
vous dis à tous ce que sainte Agnès, cette illustre jeune vierge
et martyre, dit dans une manifestation qu'elle fit d'elle-même à
ses parents réunis et pleurant autour de sa tombe :

« Ne pleurez pas, car voici que ce que j'ai tant convoité, je
« le vois ; ce que j'ai espéré, je le tiens ; je suis unie au ciel à

« Celui que, sur la terre, j'ai aimé avec tant de dévouement. »
Oh ! oui, Éveline vous dit cela à tous. Il y a donc lieu de nous
réjouir, ayant une telle amie, une telle protectrice au ciel !

« Consolons-nous donc, cher ami, dans de telles vues et de
telles espérances.

« *Signé :* † F..., évêque de B... »

EXTRAIT D'UNE LETTRE ADRESSÉE A L'AUTEUR PAR UN PÈRE LAZARISTE,
SUPÉRIEUR DU GRAND SÉMINAIRE DE *** ET CONFESSEUR DE SŒUR
EUGÉNIE, LORSQU'ELLE ÉTAIT A LA MISÉRICORDE DE CETTE VILLE.

« .....Je bénis Notre-Seigneur de la bonne pensée qu'il vous
a inspirée d'écrire la vie de ma Sœur Eugénie de ***. C'est bien
à ce cher ange, parti trop tôt pour le ciel, que l'on peut appli-
quer la parole de nos livres saints : *Explevit in brevi tempora
multa :* en peu d'années il a parcouru une longue carrière, et
le peu de jours qu'il a passés sur cette pauvre terre ont été des
ours vraiment pleins.

« Le bon Dieu m'a fait la grâce de rencontrer dans le chemin
de la vie bien des âmes d'élite, principalement dans la communauté des Filles de la Charité, dont était membre ma Sœur
Eugénie ; mais rarement j'ai trouvé une âme aussi belle que la
sienne. Que de fois j'ai admiré la noblesse et l'élévation de ses
sentiments, son dévouement sans bornes pour les pauvres,
surtout pour ses chères orphelines ! Jamais une mère n'a
éprouvé plus de sollicitude ni de tendresse pour ses enfants. On
peut dire qu'elle les portait dans son cœur. Quelle fidélité dans
l'accomplissement de tous les points de la règle, qu'elle regardait, ainsi que la parole de sa supérieure, comme l'expression
de la volonté du bon Dieu ! Quelle humilité profonde, quelle
obéissance parfaite à l'exemple de Celui qu'elle avait choisi

pour l'époux de son âme! Ce divin modèle était continuellement la règle de sa conduite, et, comme le Roi-prophète, elle pouvait bien dire : *Oculi mei semper ad Dominum :* les yeux de mon âme sont constamment attachés sur le Seigneur.

« Pendant les trop courtes années de son passage parmi nous, hélas ! la terre n'était pas digne de la posséder plus longtemps, sa vie a été vraiment comme la vie du juste, une vie de foi. Aussi tous les battements de son cœur si aimant étaient pour Notre-Seigneur. Souvent, à l'exemple de sainte Thérèse, elle s'écriait : « Je me meurs de regret de ne pouvoir mourir, afin « d'être réunie à Celui que mon cœur aime. » Toutes ses compagnes ont été chaque jour témoins des larmes abondantes qu'elle répandait devant le saint Tabernacle, quand elle pouvait fuir un instant à la chapelle... Je garderai jusqu'à mon dernier soupir le plus doux et le plus précieux souvenir de ce cher ange. Je me sens plus porté à l'invoquer qu'à prier pour elle, je l'avoue, tant est grande ma persuasion de son crédit auprès de Dieu.

« Veuillez agréer l'hommage de mon bien respectueux dévouement en Notre-Seigneur.

« M. F. D...

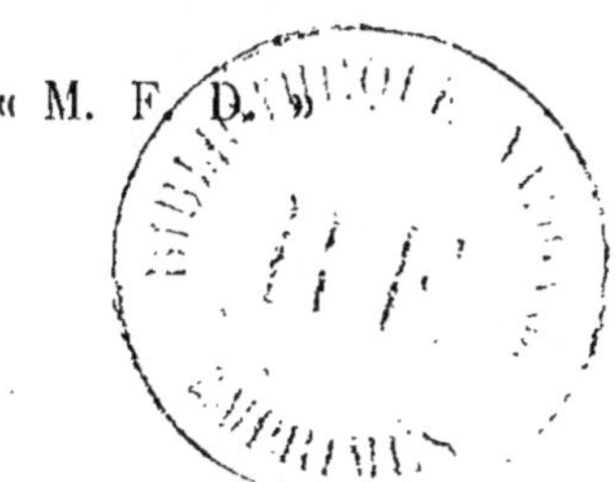

FIN.

TABLE

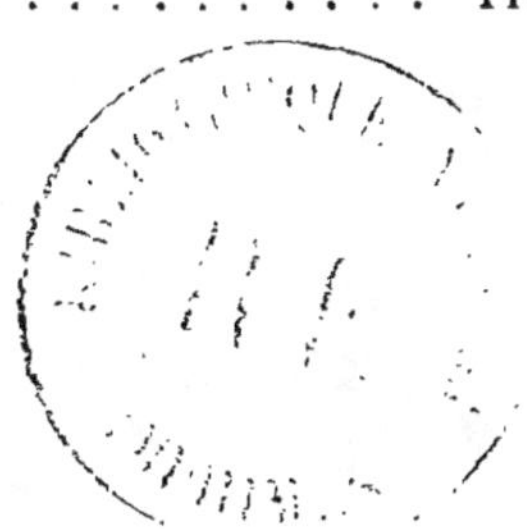

PARIS. TYPOGRAPHIE E. PLON, NOURRIT ET Cie, RUE GARANCIÈRE, 8.